JN071539

令和5年度
税制改正大綱対応版

何が
わからないか、
わからない
方に

会話でスッキリ

電帳法とインボイス制度のきほん

税理士
小島孝子 著

株式会社
マネーフォワード 編集協力

税務研究会出版局

改訂版の
執筆にあたり

2023年10月、いよいよインボイス制度が始まります。

インボイス制度が、法律として誕生したのは2012年のことになります。この当時、5%であった消費税率を2014年4月に8%、2015年10月に10%に引き上げるとともに、インボイス制度を導入する旨がすでに定められていたのです。

しかし、ご承知のとおり、10%への税率の引き上げは、2度の延期を経て、2019年10月に実施され、これに伴い、インボイス制度の開始時期も2023年10月となったのです。

2022年に入り、インボイス制度の実施がいよいよさし迫ってくると、多くの反対意見が報じられ、こうした意見を受け、令和5（2023）年度の税制改正では、主に小規模事業者に対する大幅な緩和措置が設けられることとなりました。また、これと同様に多くの事業者が不安視していた電子帳簿保存法によるデータ保存の義務化も緩和されました。

確かにこれらの制度は、一部の事業者にとっては、コスト面だけでなく、難解な制度への理解が求められることでもあり、慎重にならざるを得ないでしょう。

しかし、もはやそうしたことに憂いでいる時間はありません。

多くの選択肢の中から、自身にとって最も有利な計算方法を選び取る方法や取引先との交渉をどう考えればいいのかなど、考えなければならない項目は多数あります。

改訂版においては、本年度の改正も踏まえ、実際にどのような形で対応すべきかを、具体例を交えて掲載しております。「まずは、何をすべきか？」わからない方が最低限つかむべき情報に集約し、編集していますので、本書をきっかけに具体的対策について、考え始めてみてはいかがでしょうか。

本書に掲載したデジタルインボイスに関しても、デジタル庁や多くの業務系ベンダー各社の努力もあり、いよいよ現実味を帯びてきました。今後は、こうした動向にも目が離せません。2023年が経理業務の大きな変革期となると信じ、引き続き見守りたいと思います。

最後に、こうした制度改正は、多くの事業者にとって、これからの仕事の在り方を再確認する出来事になります。単なる制度改正ととらえず、自分が誰とどういう仕事を今後行っていきたいのか、私もこの制度を通じ、いよいよ考えなければならない時期が来ているのかもしれません。

2023年1月　記念すべき年の新年を迎えて

小島　孝子

経理業務の
デジタル化時代到来（初版はしがき）

「インボイスって何するの？」「電子帳簿保存法って、なんだかめんどうなんでしょ？」2022年に入り、急激にこのような質問をされる機会が多くなりました。この質問でまだまだ制度に対する理解が進んでいないことを実感しています。

インボイスに関する法律は、消費税率が8％に改正された2014（平成26）年当時、すでに成立していた法律です。その後消費税率10％への増税が延期されたため、それに併せてインボイス制度への移行も延期されたままとなっていました。

この当時、紙を中心とした取引慣行の中で、この制度をどう運用すべきかは、大きな問題となっていました。インボイス制度は事業者間の情報管理が制度維持のための肝であり、到底、実現が不可能であると思われていたのです。

コロナ禍の日本、経理環境のパラダイムシフトへ

そんな時代背景の中で、経理環境における意識を大きく変えたのが、新型コロナウイルス感染症による前代未聞の災害です。

これまでの災害と異なり、外出自粛を余儀なくされた環境下では、これまでの紙を中心とした経理業務が大きなハードルとなってしまったのです。これにより、それ以前から漠然とした流行語として取り上げられていたＤＸ（デジタル・トランスフォーメーション）が、企業の生き残りをかけた最優先課題として浮上したのです。

デジタルインボイス構想と電子帳簿保存法改正

そのような厳しい環境の中、2020（令和2）年、来るべくインボイス制度導入に備え、社会全体でデジタル化の問題に取り組むべく動きが始まりました。これがデジタルインボイスの取組みです。

私は、幸運にもこの当時、このデジタルインボイス構想を、EIPAの代表幹事である弥生株式会社の岡本浩一郎社長から直接お伺いする機会に恵まれました。このときに、この取り組みで大きく時代が変わることを直感しました。

その直感はすぐに現実のものとして動き出しました。

この年の秋に、これまでデジタル化の妨げとなっていた電子帳簿保存法の大幅な改正が決まり、本書でも解説している誰もが使いやすい制度へと変貌を遂げたのです。しかし、まだまだすべての事業者が制度を理解し、ストレスのないデジタル環境を整えるためには情報が不足していることは明白であり、この素晴らしい環境の普及には、誰もが理解できる簡単な解説書が必要だと考えていました。

そのような折に、デジタルインボイス構想の中心企業の一つであり、以前からクラウド会計を中心とした、経理のデジタル化に注力してこられたマネーフォワードさんとの書籍の企画にお声がけいただき、本書が実現しました。

インボイス制度や電子帳簿保存法を取り上げた書籍はすでに多数発刊されておりますが、本書は「経理のデジタル化」という切り口から両法律の制度解説だけに留まらず、これからの経理のデジタル化の動向、これらの制度を活用した経理のデジタル化の提案などを、愉快な登場人物たちとともに楽しく学べるように構成しています。

また、対談パートでは、実際に経理現場で社内のデジタル化の対応に当たられているマネーフォワード社の松岡俊様や同社のシステムに関する電子帳簿保存法への対応業務に当たられている野永裕希様と、経理現場における生の声を基にさまざまな課題についてお話させていただきました。

こうした生の声により、これまで想定していなかった問題点も発見され、3人での会談は私にとっても大変貴重な時間となりました。

改めてこうした機会を設けていただいたことに、御礼申し上げます。

最後に、この本が新制度への対応に憂慮しているすべてのみなさまに参考となる一冊となれば幸いです。

2022年9月

小島　孝子

目次

第1章

ほんとにやさしい、電子帳簿保存法
そもそも、電子帳簿保存法って何？

第2章

だれでもわかる
消費税インボイス制度

第4章 電子帳簿保存法とインボイス制度対応のQ＆A

税理士
小島孝子 × 株式会社マネーフォワード
松岡俊 野永裕希

インボイス制度編

ワンポイント解説　目次

この本の内容は、令和５年２月１日現在の法令・通達に基づいています。

※改訂版は令和４年12月16日に公表された「令和５年度税制改正大綱」をもとに追加しています。
今後確定する法令・通達等により変更となる場合があります。

第1章

ほんとにやさしい、
電子帳簿保存法

そもそも、
電子帳簿保存法って何?

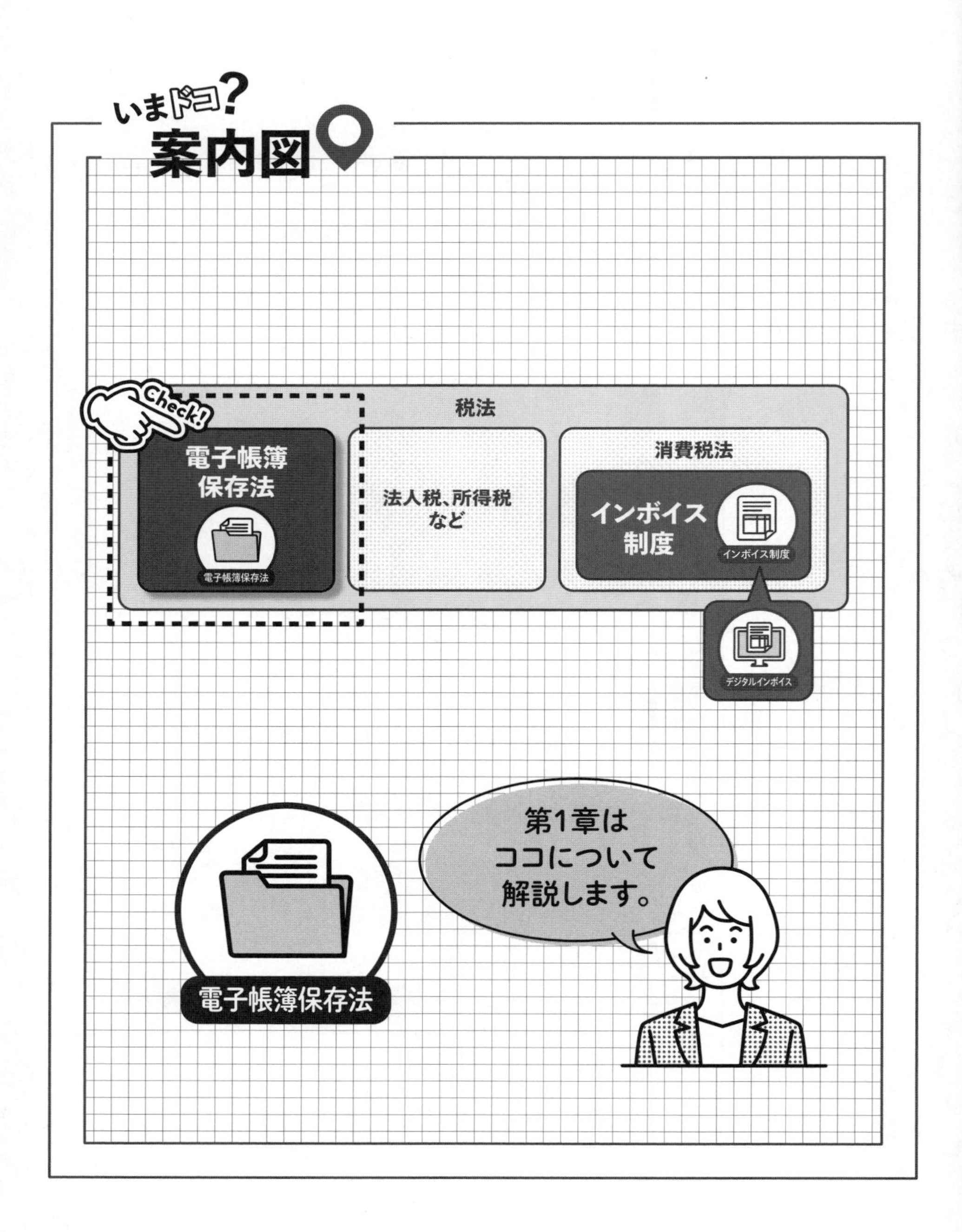
いまドコ？
案内図
Check!
税法
電子帳簿保存法
電子帳簿保存法
法人税、所得税
など
消費税法
インボイス
制度
インボイス制度
デジタルインボイス
電子帳簿保存法
第1章は
ココについて
解説します。

「請求書や領収書を取っておくことって…大変！」 働く誰もが思う紙の請求書の保存問題。
何年も取っておかないといけないし、そもそも紙じゃないとダメ？
多くの人が一度は思った、この疑問、令和4年1月1日、売上や仕入、経費に関する請求書や領収書などの保存に関する「電子帳簿保存法（でんしちょうぼほぞんほう）」の改正により、大きく変わります。
この章では、シブヤさんとミナトくんと一緒に電子帳簿保存法について学んでいきましょう。

独立したばかりのイラストレーター
・几帳面で細かい作業は大好き
・データ処理は得意だけど、経理のことはよくわからない
・来年の確定申告に向けて勉強中
フリーランスのエンジニア
・ミナト区在住ミナト区男子
・情報の感度が高いインフルエンサー
・常におしゃれな環境で生活したいため、紙の書類をなくすことに命をかける日々
大学の先輩・後輩
シブヤさん
ミナトくん
担当
紹介
会計ソフト「MKソフト」の営業担当
・お客様からの電子帳簿保存法の質問に答えるべく、日夜勉強に勤しむ努力家
・ミナトくんとはソフトの販売当初からのつきあい
カマタさん

この章で学ぶこと

●電子帳簿保存法とは何をどうデータ保存することなのか
●義務化で個人事業主にも迫られる対応とは
●帳簿の保存要件とは

領収書は紙でもらってはいけないの？

～電子帳簿保存法の概要～

電子帳簿保存法は、「データでもらった」経理書類のデータ保存を義務付けた法律です。

ミナト先輩、お久しぶりです。
実は私、先月からフリーランスになったんです！
今ちょうど、税務署に開業届を出しにいってきたんですよ！
それで、今日は教えてもらいたいことがあって……

久しぶりー！そうなんだ、おめでとう。
で、どうしたの？

先輩、確定申告ってどうしてます？今、税務署で説明聞いてきたんですけど、法改正があって、領収書とかも全部データで取っておかないといけないらしいんですね。

え？それって電子帳簿保存法(でんしちょうぼほぞんほう)のこと？
その理解はちょっとちがうよ、請求書をデータでもらったときにデータで取っておくためのルールが変わっただけだよ。

■そもそも請求書や領収書はなぜ取って（保存して）おく必要があるの？

会社や個人事業者は、事業活動を通じて、多くの取引を行います。こうした取引となる事実は、請求書や領収書を元に日々の取引の記録帳である**「帳簿」を作成し、**年に１回税務署に**税金の申告**を行わなければなりません。裏を返せば、正しい申告は、**帳簿の内容が事実と一致しているかどうか、**ということでチェックできるのです。この「**事実**」の証拠となるものが、私たちが普段、買い物をする際にもらう**請求書や領収書**です。

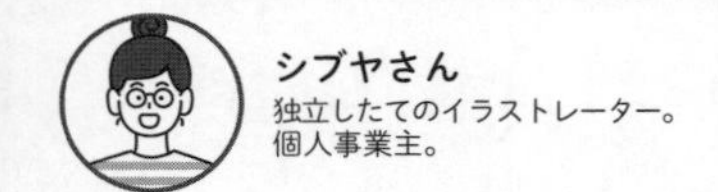

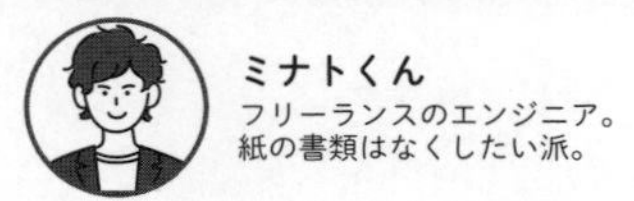

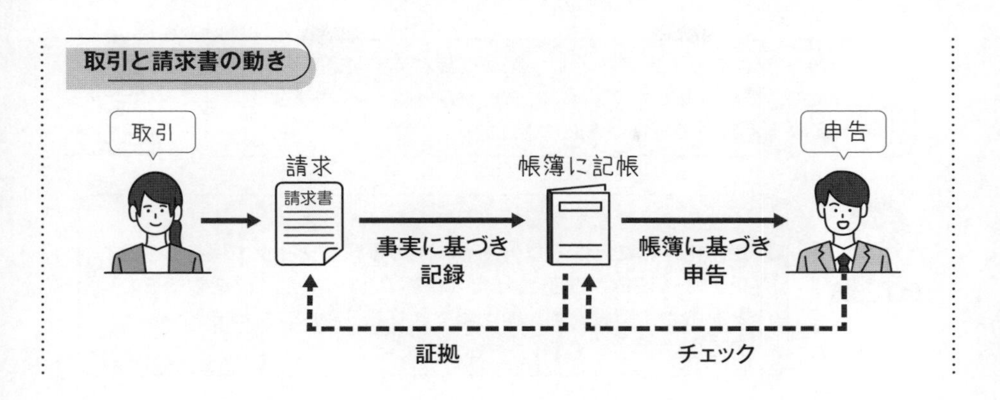

■電子帳簿保存法とは？

これまで、作成した帳簿や、その作成のために集められた請求書や領収書はデータになっているものも含めて、**すべて**「**紙**」で保存しなければならないこととされていました。つまり、データは「**いったん紙でプリントし、保存**」がこれまでは原則とされていたのです。これではとても非効率です。

ネット取引が日常的となったいまの時代、紙の請求書や領収書をもらわないことも増えています。そこで、「**データがあるものはデータで保存するためのルール化をしよう**」そうした目的のために作られた法律が**電子帳簿保存法**（略して**電帳法**）なのです。

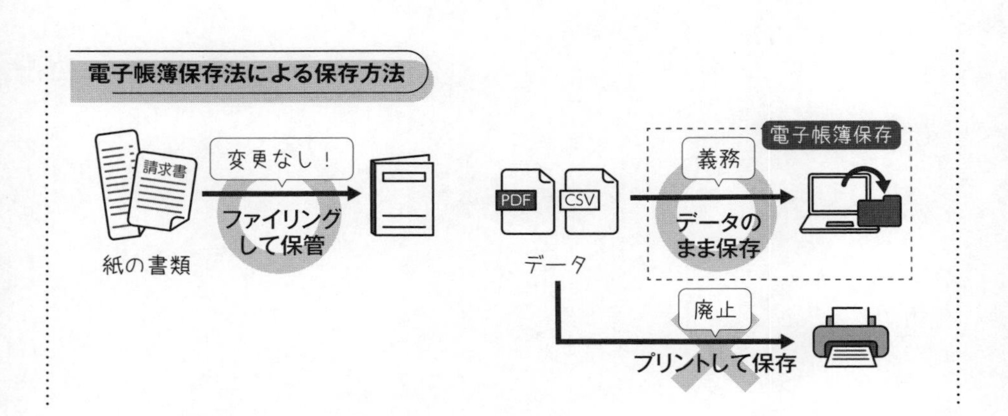

「全部データにしろ」ってことじゃなかったんですか？
なーんだ、びっくりした！じゃあ、紙でもらったレシートはそのまま取っておいてもいいんだ！

そうそう、そんな難しいことでもないんだよ。
義務化されたところ以外でも、**紙の書類をデータで保存しやすいように法律が改正された**（後述 P.24）から、最低限やることをおさえておいて、徐々にできる部分を広げていくといいと思うよ。

まとめ

- **データでもらった領収書などをデータのまま保存することを義務化した法律が電子帳簿保存法**
- **紙でもらったものはこれまでどおり、紙の保存で OK**
- **紙の書類をデータ保存することも改正によりしやすくなった**

2 税金の申告に必要な書類って？

～書類の保存に関する法律の整理～

電子帳簿保存法を勉強する前に、そもそもの税金の申告にはどんな書類が必要なのかみていきましょう。

税務署で「**青色申告**（あおいろしんこく）」をするなら**帳簿**を作らないといけないって教わったんですが、青色申告って**簿記**で帳簿を作らないといけないんですよね？

そうだね。青色申告は**帳簿をきちんと作る代わりにいろいろメリットが受けられる**制度だけど、帳簿は簿記のルールで作ったものじゃないと認められないんだ。

■青色申告は帳簿をつけたら特典がある制度

フリーランスの人たちが、春先になると大騒ぎしているのが**所得税の確定申告**。サラリーマン時代と違い、ミナトくんも毎年申告書を作成し、税務署に提出しています。この確定申告には「**青色申告**」と「白色申告」という２つのやり方があります。

青色申告は「**簿記（ぼき）を使って帳簿の作成ができること**」を条件として、その代わりにさまざまな税金が低くなるような特典が受けられる制度です。このうち、大きな特典が次の３つです。

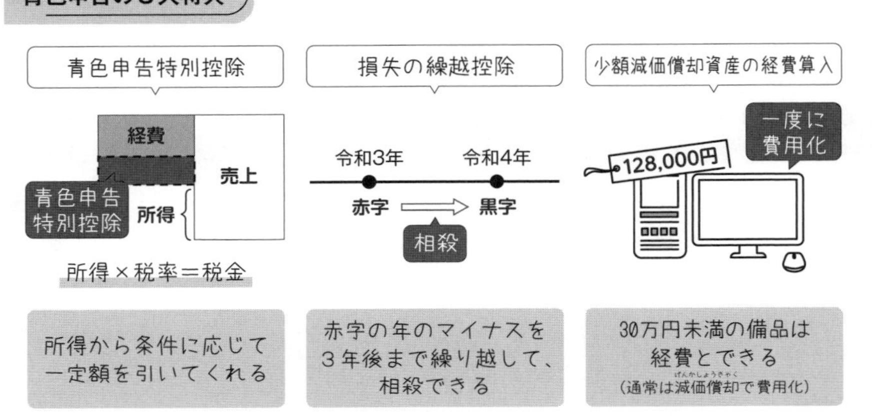

作成した帳簿やその元になった請求書などの資料がきちんと保存できていないと、**青色申告が取り消されることもある**から、書類もきちんと整理しておかないといけないんだ。

■保存しておくべき帳簿や書類

青色申告を行うには、その申告に計算の元となった**帳簿**や、その帳簿の記載事項の証明となる**書類**を**7年間**（一部の書類は5年間。法人で損失の繰越控除の適用を受ける場合には10年間）保存しておかなければなりません。**法律で保存が義務付けられている書類**は以下のとおりです。

国税関係帳簿	国税関係書類	
	決算関係書類	取引関係書類
・仕訳帳 ・総勘定元帳 ・その他の帳簿	・貸借対照表 ・損益計算書 ・棚卸表 ・その他の決算書類	・契約書　・見積書 ・注文書　・納品書 ・請求書　・領収書 ・その他の取引書類

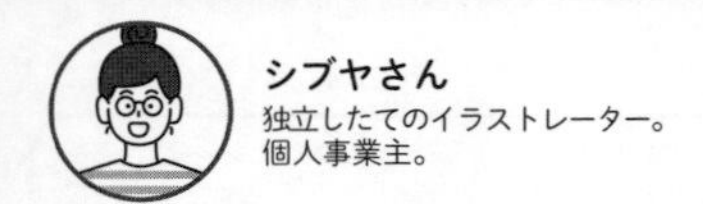
シブヤさん
独立したてのイラストレーター。
個人事業主。

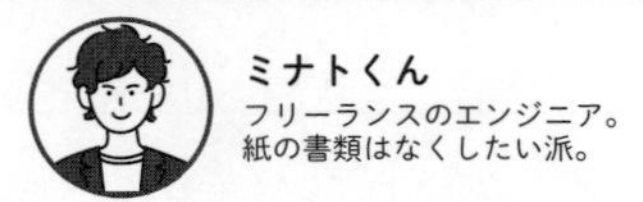
ミナトくん
フリーランスのエンジニア。
紙の書類はなくしたい派。

なお、消費税にも保存に関して同様の決まりはありますが、そちらは第２章インボイス編（P.74）を参照してください。

青色申告でない申告を白色申告というけれど、白色申告も簡易的な帳簿を作成しないといけないし、証拠書類も取っておく必要があるんだ。

青色申告は特典があるから、その分、**帳簿や書類の保存がもっと厳密になっている**ということなんですね。

そういうこと。自分で作成する帳簿はデータがもともとあるし、取引先から受け取る請求書などもデータのやり取りが一般的になりつつあるから、この青色申告の条件である**帳簿書類の保存を手軽にできるようにするための法律**が電子帳簿保存法ってわけ。

まとめ

- ☑ 青色申告は帳簿を作成する代わりに多くの特典が認められる制度
- ☑ 帳簿や書類が保管されていることは青色申告の要件
- ☑ これをデータ保存するための法律が電子帳簿保存法

3 保存すべき書類って何だろう？

～対象となる３つのデータ～

電子帳簿保存法の対象にはどういう書類があるのでしょうか？
電子保存の対象となる３つのデータについてみていきましょう。

先輩、実際にこの前聞いたおすすめの会計ソフトで入力してみたんですが、通帳やクレジットカードの情報が連携できる機能、便利ですね！

そうなんだよ。僕なんて、紙のレシートも**読み取り機能**を使って、もらったらすぐに写真でアップロードするから、今じゃ紙の書類はほとんどないんだよ。

え？そうなんですか？紙でもらったのに、紙で保存しないで、電子帳簿保存法は大丈夫なんですか？

電子帳簿保存法の対象になるデータには３つの形式があって、実は要件を満たせば、紙を画像データにしたものも認められるんだ。

■３つのルールと電子帳簿保存法の歴史

電子帳簿保存法ができたのは、**1998（平成10）年**。今では、多くの人がイメージするのが、請求書や領収書の電子化ですが、もともとはその名のとおり**「帳簿」**を**「電子化」**して**「保存」**する法律だったのです。当時は、それまで一部のマニアや専門家が使う道具とされていたパソコンが「Microsoft Windows95」の登場により、家庭で使う汎用品となり始めた時代。経済界では、これからの情報化社会におけるデジタルの重要性が声高に叫ばれ始めていました。

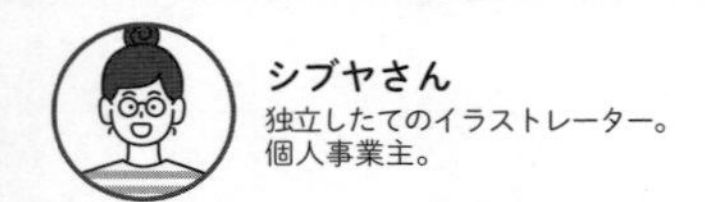

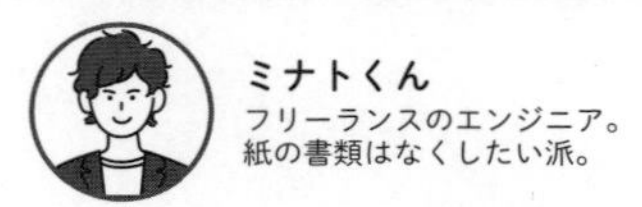

すでに**会計ソフトでの帳簿の作成**が一般的となっていたこともあり、**自社で作成した帳簿を電子データで保存するために作られた法律**が、この電子帳簿保存法だったのです。

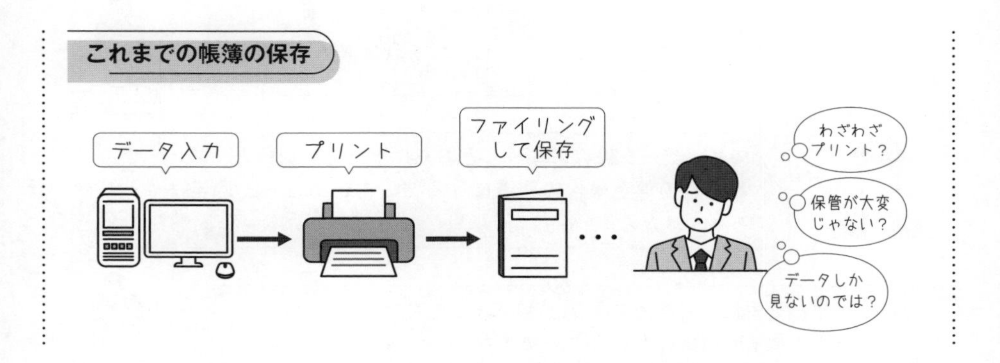

その後、時代とともに**受領した請求書等**も対象になりました。具体的には、**①データで受領した請求書等や②紙で受領した請求書等をPDF等でファイル化したもの**も対象に加えられました。

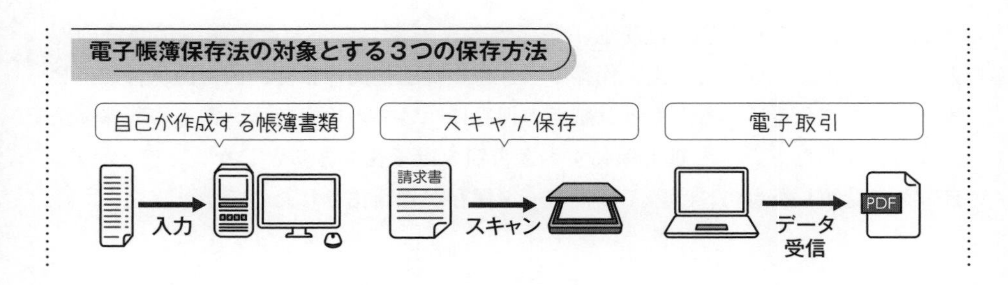

今では、スキャナ保存は**スマホやデジカメで撮った画像データ**も対象になっているんだよ。請求書も僕みたいに**会計ソフトで発行**してる人も多いから PDF 取っておくだけでいいってわけ。

わー、それは楽ですね！

でも、データ保存のルールどおりになっていないと、紙のときと同じで**青色申告の取消**になることもあるから、適当にやっちゃダメだよ。

そうなんですね。ところで、データで取っておかないといけないのは、**電子取引だけ**ということですか？
データ保存が義務化されているところとされていないところが少しわかりづらいですね。

■保存すべき書類と電子帳簿保存法の関係性について整理しよう

ここで、P.8 で確認した税務上、保存すべき帳簿や書類と電子帳簿保存法の関係を確認しましょう。税務上、保存すべき書類は**国税関係帳簿、国税関係書類**の２種類です。これらは、もともとは**紙での保存**についての規定です。電子帳簿保存法では、こうしたもともと**紙で保存すべき書類**を**電子化できる**としたうえで、別途、**データで受領したもの**については、**データ保存が義務化**されたのです。

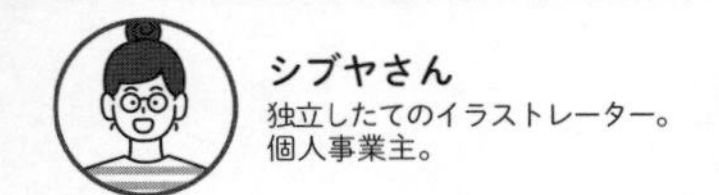
シブヤさん
独立したてのイラストレーター。
個人事業主。

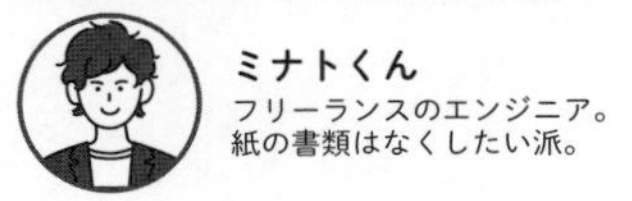
ミナトくん
フリーランスのエンジニア。
紙の書類はなくしたい派。

データ保存

国税関係帳簿	国税関係書類		電子データ
	決算関係書類	取引関係書類	
・仕訳帳（しわけちょう） ・総勘定元帳（そうかんじょうもとちょう） ・その他の帳簿	・貸借対照表（たいしゃくたいしょうひょう） ・損益計算書（そんえきけいさんしょ） ・棚卸表（たなおろしひょう） ・その他の決算書類	・契約書　・見積書 ・注文書　・納品書 ・請求書　・領収書 ・その他の取引書類	取引関係書類と同じ

自分ではじめからPCで作成	相手方から受領	
	紙	データ
任意でデータ保存	任意でデータ保存	義務化
自己が作成する帳簿書類	スキャナ保存	電子取引

電子取引に関しては、もともと請求書や領収書が紙で発行されていなかったわけだから、**今まではわざわざ紙でプリントして取っておいた**ってことだし、そんなことしなくてもシンプルにフォルダに入れて取っておけばいいってだけだよね。

でも、そもそも紙で発行しなくても問題なかったんですか？
データだと印鑑も押されてないし・・・

■請求書や領収書の発行義務ってどうなっているの？

これまで、私たちは請求書や領収書は、**押印があるものを紙でもらわないといけない**ものだと思っていました。でも、実際にはこうした書類の発行義務がある規定はなかったのです。

唯一、**民法**にそうした話が書かれていました。

ただ、民法でも、代金を**支払った側が領収書の交付を請求した場合だけ**交付することが義務付けられていたので、受領側には**もともと紙での交付義務はなかった**のです。税法では、証拠となる書類を紙で取っておくことが要件でしたから、ちょっと矛盾しています。

つまり、**領収書がないと支払い側が困る**から、お互い発行することが**商習慣化**していたのです。こうしたことから、データ社会に入り、**必要ならデータでやり取りする**ことが法律とは別に一般化していったのです。このような、デジタル化の流れを受けて、民法の規定も「**データで発行してもいい**」と改正されました。

いろんな法律が関わってくるんですね。もともと領収書を発行しなくてもよかったなんてびっくりです。

でしょ？僕も初めの頃、すごく気になって税理士さんに詳しく教えてもらったんだ。ネットの情報だと「本当かなあ？」って気になってたんだよね。
でも、**何か問題になった時に証拠がないと困るのはお互い様**だし、お互いデータでやり取りすれば楽だよね。

電子帳簿保存法の改正がデータでやり取りする習慣ができるきっかけとなるといいですよね。

まとめ

- ☑ **電子帳簿保存法は、もともとは会計ソフトで入力した帳簿をデータのまま保存するための法律**
- ☑ **電子帳簿保存法の対象となるデータ保存の手段は3つ。スマホで撮影した画像データも対象に**
- ☑ **データ保存が義務化されたのは「電子取引」のみ**

4 不正の防止が最大のポイント！

～作成した帳簿書類の電子保存～

電子帳簿保存法の対象になる３つの保存方法のうち、まずは会計ソフト等で作成した帳簿書類の保存をみていきましょう。

こんにちは。初めまして。MK ソフトのカマタです。
今日はミナトさんからの紹介で来ました。ソフトについて説明させていただきますね。

電子帳簿保存法の勉強をしてるんですが、問題のない形で帳簿の入力と保存ができるようにしたいのですが……

弊社のソフトは、**法律の基準を満たすような形で作成**していますので、問題ないですよ。法律の基準と実際のやり方について説明させていただきますね。

■青色申告に必要なのは複式簿記（ふくしきぼき）の帳簿

保存方法の確認の前に、確定申告のために必要な帳簿の作り方について簡単に見ていきましょう。

青色申告を行うには、帳簿を「**複式簿記**（ふくしきぼき）」で記載しなければなりません。複式簿記とは、**収入と経費**（収益と費用）だけでなく、その裏付けとなる**資産や負債**（資産は現金や預金など、負債は借金や未払金など）の両方から**利益を把握**する方法です。

シブヤさんは「**利益**」ってどうやって計算しますか？

売上から経費を引いて計算します。

そうですよね。でも、もともと10万円もっていて、商売をしたら1年後に15万円に増えていたとしたら、**5万円利益が出ていた**と言えると思いませんか？

たしかに！そうか、**資料の集計金額**だけじゃなくて、**実際のお金の動き**からも利益ってわかるんですね。

複式簿記で利益を把握

事業開始時

現金 | 元入金

一年後

損益計算書

経費 | 売上
利益

一致！

貸借対照表

現金 | 元入金
（現金の増加） | 利益

資料の集計から把握

利益の裏付けとなる現金の増加

現金の増減から把握

この図のように、**利益**を売上と経費の集計で把握したものを「**損益計算書**」、お金の動きで把握したものを「**貸借対照表**」といいます。青色申告が複式簿記を条件としているのは、請求書などの集められた資料からだけではなく、お金の動きからも利益を検証することで、**その資料が架空のものじゃなく、正しい取引の証拠資料であることがわかる**からなのです。

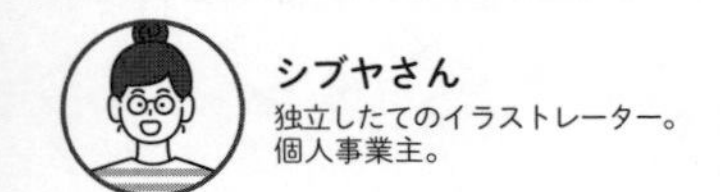

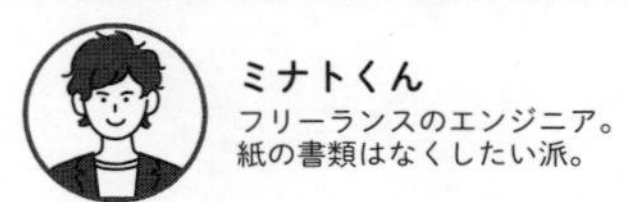

なるほど。簿記ってもっと難しい話だと思ってました。

もちろん、会社でやるような経理処理は専門的な知識がないと難しいですが、シブヤさんの申告でしたら、このくらいがイメージできれば大丈夫です。
会計ソフトは、**資料を決められた順番で**入れていけば、こうした**複式簿記の帳簿**ができあがるんですよ。

■簿記の知識は最低限でも帳簿は作成できる

先ほどの売上と現金の関係を会計ソフトでは、次のように処理します。

まず、請求書作成ソフトから**売上の請求書**を作成します。そのデータがそのまま、売上のデータとして帳簿に登録されます。その後、**通帳のデータ**を**インターネットバンキングから会計ソフトに取り込み**ます。会計ソフトが、通帳のデータから、**請求書データと一致した入金を探します**。これが一致していれば、**売上の入金が帳簿に登録**されます。こんな感じで、会計ソフトを使うと、ソフトにデータを集めて取り込んだだけで、売上の管理をしながら、複式簿記の帳簿が作成できるのです。

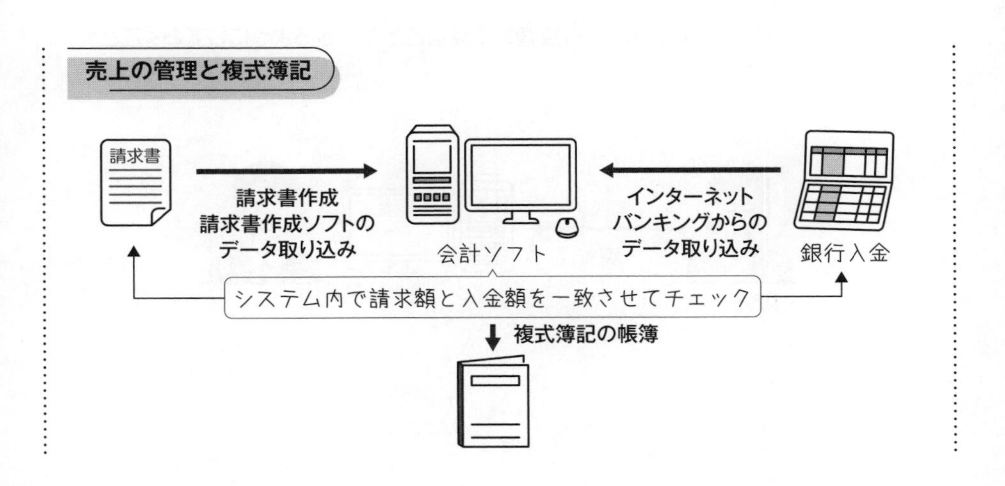

弊社のソフトに限らず、最近では多くの会計ソフトがシステム内で請求額と入金額を一致させてチェックさせるような機能を持っています。こうしたソフトの機能を活用すると**請求書の作成自体が帳簿を作る作業の一部**になるので、**経理業務の効率化**も図れるんですよ。

簡単そうですね！でも、これと電子帳簿保存法の関係ってどうなっているんでしょう？教えてもらえますか？

■自己が作成する帳簿書類の保存要件

会計ソフトで作成した請求書や帳簿のデータは、電子帳簿保存法の３つの保存方法のうちの「**自己が作成する帳簿書類**」の保存の対象になります。データ保存をしたい場合には、税務調査などの際に調査官がソフトの内容から**調査したい内容がすぐに調べられるように**、いろいろと要件が定められています。まずは、**最低限必要になる要件**を見ていきましょう。

電子保存のための最低限必要なこと

①パソコンを備え付けていつでも検索して見ることができるようにしておくこと

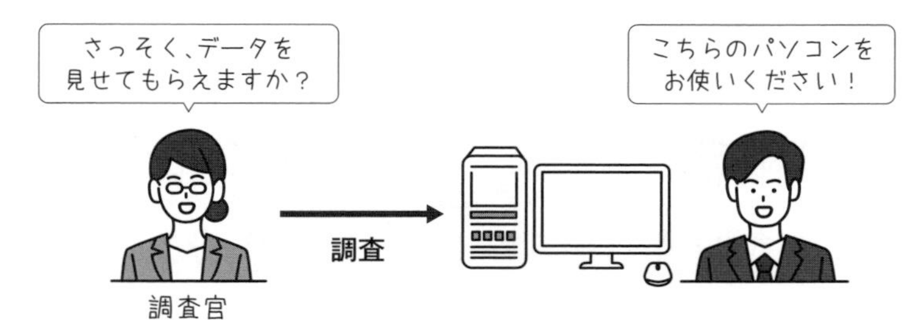

さっそく、データを
見せてもらえますか？
こちらのパソコンを
お使いください！
調査
調査官

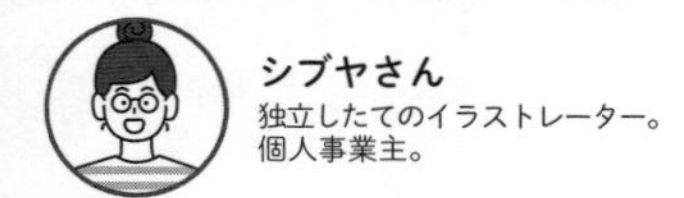
シブヤさん
独立したてのイラストレーター。個人事業主。

ミナトくん
フリーランスのエンジニア。紙の書類はなくしたい派。

カマタさん
会計ソフト「MK ソフト」の営業担当。電子帳簿保存法に詳しい。

②利用した会計ソフトのマニュアル等を備え付けること

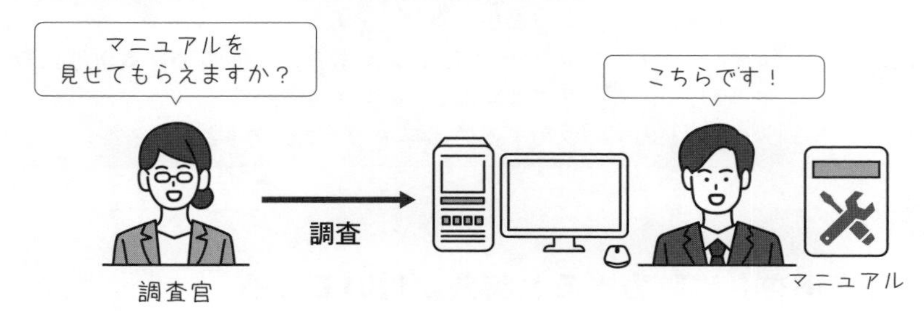
マニュアルを
見せてもらえますか？
こちらです！
調査
調査官
マニュアル

③調査官の求めに応じてダウンロードできるようにする

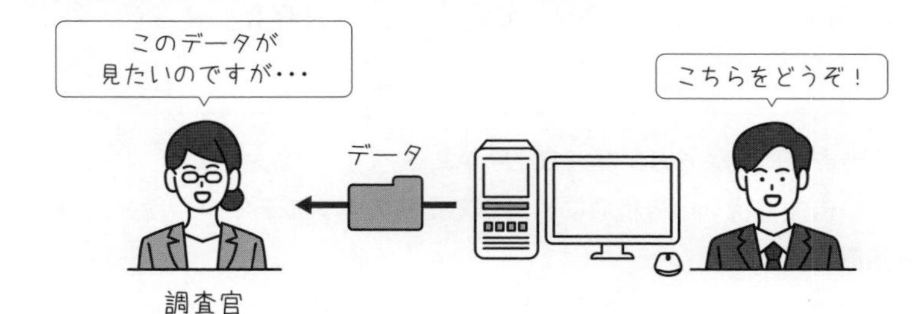
このデータが
見たいのですが…
こちらをどうぞ！
データ
調査官

これだけなんですか？

はい、そうなんです。要件に合う検索の機能は、どの会計ソフトでもだいたい持っていると思うので、**調査の際にパソコンさえ使えるようになっていれば**問題ないと思います。
マニュアルはオンラインマニュアルでもいいので、ページをブックマークして開けるようにしておいてくださいね。

会計ソフトで作成した請求書も同じような検索ができないといけないんですよね？

そうですね。帳簿だけでなく、データで保存する請求書などの**書類も検索ができないとダメ**ですね。
ですので、PDF ファイルで保存するなら**検索できるように整理**しておく方法を考えないといけないです。
ソフトのデータのままの保存でも大丈夫です。

■「優良保存」に該当すると特典が付いてくる

帳簿については、上記の基本的な要件に追加して、**不正を防止するような機能が付いている会計ソフト**を使って記帳していると、「**優良保存**」とされ、以下の２つの特典が受けられます。

- 青色申告特別控除で **65 万円の控除**がある
- 過少申告加算税（かしょうしんこくかさんぜい）（申告税額に不足がでた時のペナルティーの税金）の**軽減措置**

優良保存には**税務署への事前届**が必要です。具体的には以下のような機能が必要になります。

優良保存の要件

①訂正・削除を行った場合には、これらの事実、内容を確認できること

書き換え不可
（反対仕訳のみで修正）

訂正・削除のログが残る

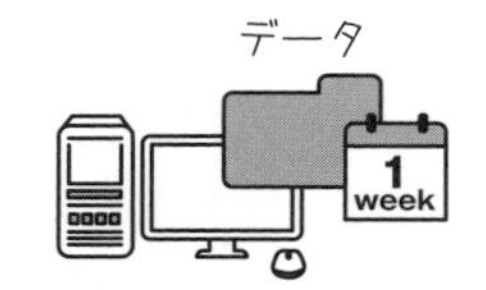

1週間以内ならログなし
それ以後はログが残る
（事務処理規程が必要）

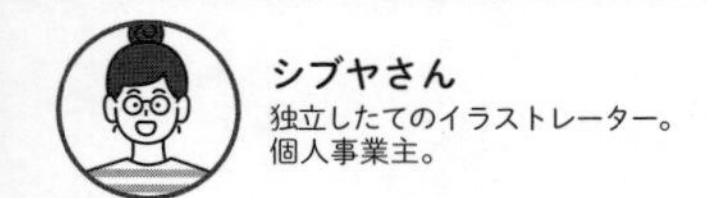

シブヤさん
独立したてのイラストレーター。個人事業主。

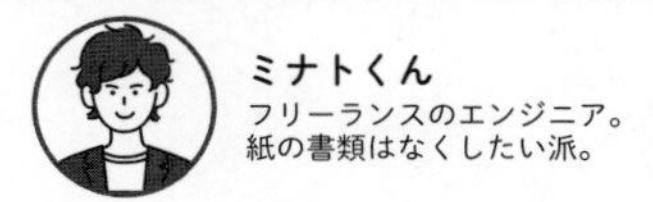

ミナトくん
フリーランスのエンジニア。紙の書類はなくしたい派。

カマタさん
会計ソフト「MK ソフト」の営業担当。電子帳簿保存法に詳しい。

---

②通常の業務処理期間経過後に入力を行った場合にはそれを確認できること

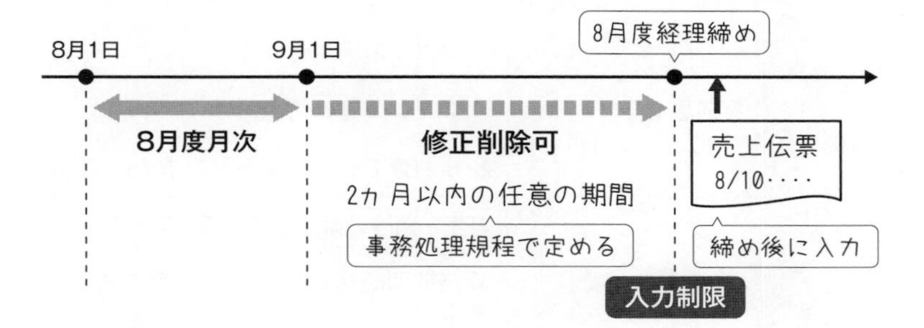

③複数の帳簿間において、相互にその関連性を確認できること

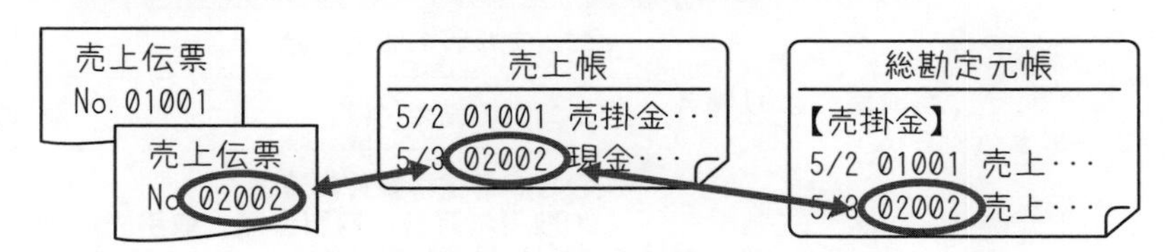

帳簿間で伝票番号などの関連性を持たせる

④3つの要件で検索できるようにしておくこと

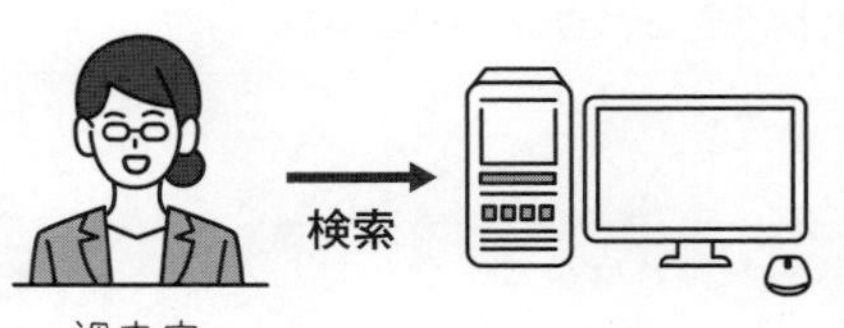

【検索要件】
(1) 取引年月日、取引金額、取引先により検索可能
(2) 日付又は金額の範囲指定ができる
(3) 2つ以上の組み合わせによる検索ができる

④の検索要件は、税務調査の際に調査官の求めに応じてダウンロードができるようになっていれば、検索要件(1)の3つの検索項目で検索できるだけでもOKです。会計ソフトのグレードなどによっても異なりますので、まずは**「最低限必要になる要件」**が満たされているものであればいいと思いますよ。

保存方法のまとめ

最低要件を満たす電子帳簿	**事前届なし**	パソコンの備え付け
		マニュアル等の備え付け
		税務調査でダウンロードの求めに応じる
優良な電子帳簿	事前届により特典あり	訂正・削除の確認ができるシステム
		業務期間経過後に行った場合の確認ができる
		帳簿間の相互関連性が取れる
		マニュアル等の備え付け
		パソコンの備え付け
		次の３つの検索要件の確保 ⑴**取引年月日、取引金額、取引先**により検索可能 ⑵**日付又は金額の範囲指定**ができる ⑶**２つ以上の組み合わせ**による検索ができる （税務調査の際に求めに応じてダウンロードできるときは、⑴のみ）

青色申告特別控除の金額は、優良じゃなければ少なくなってしまうんですか？

帳簿の作成要件が満たされていれば、55万円の控除は受けられます。それに、**確定申告事体をe-Taxで行うことで**も**65万円の特典**が受けられますので、心配しなくても大丈夫ですよ。

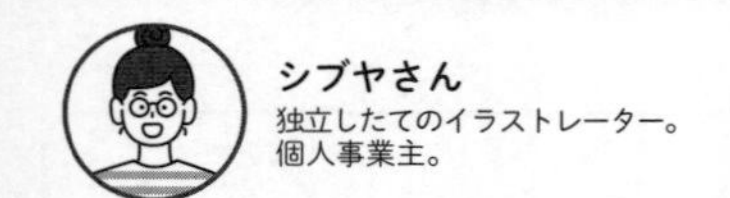
シブヤさん
独立したてのイラストレーター。
個人事業主。

ミナトくん
フリーランスのエンジニア。
紙の書類はなくしたい派。

カマタさん
会計ソフト「MK ソフト」の営業
担当。電子帳簿保存法に詳しい。

■青色申告特別控除の要件

青色申告特別控除の要件をまとめると、次のようになります。

控除額	55 万円	65 万円	10 万円
要件等	(1)不動産所得か事業所得がある (2)**複式簿記**で帳簿を作成している (3)貸借対照表、損益計算書を添付し、控除額を記載して、申告期限までに申告している	(1)55 万円の要件をすべて満たしている (2)次の**いずれか**に該当する ①その年の帳簿について**優良保存**により保存している ②**e-Tax で申告**している	55 万円の(2)、(3)の要件に当てはまらない（複式簿記の帳簿がないなど） （注）不動産所得が事業的規模でない場合も 10 万円

e-Tax は挑戦しようと考えていたので、今年は e-Tax で申告するだけにしようかな。

一度にいろいろやるのも大変なので、できるところから始めるといいと思いますよ。

まとめ

- ☑ **青色申告を行うためには帳簿の作成と保存が必要。帳簿の作成は会計ソフトを使えば難しくない**
- ☑ **「自己が作成する帳簿書類」の保存の要件は一般的な会計ソフトで帳簿ができれば問題ない**

5 領収書の管理はどうすべき？

～スキャナ保存とタイムスタンプ～

たまってしまいがちな紙のレシート。
電子帳簿保存法でどう解決できるのでしょうか？

レシートって１ヵ月程度でもたくさんたまりますよね。
これもデータ化したいのですが。

それは、**スキャナ保存**の範囲ですね。スキャナ保存は**データ化するタイミングが習慣付くまで大変**ですが、慣れてしまえば、それほど難しくないですよ。

そうですか？私にできるでしょうか……

■データの保存方法とデータの要件

スキャナ保存は、請求書や領収書など、**自社で作ったものや他社からもらった紙の書類**をデータ化して保存する方法です。

国税関係帳簿（こくぜいかんけいちょうぼ）	国税関係書類（こくぜいかんけいしょるい）	
	決算関係書類	取引関係書類
・仕訳帳（しわけちょう） ・総勘定元帳（そうかんじょうもとちょう） ・その他の帳簿	・貸借対照表（たいしゃくたいしょうひょう） ・損益計算書（そんえきけいさんしょ） ・棚卸表（たなおろしひょう） ・その他の決算書類	・契約書　・見積書 ・注文書　・納品書 ・請求書　・領収書 ・その他の取引書類 ここの保存

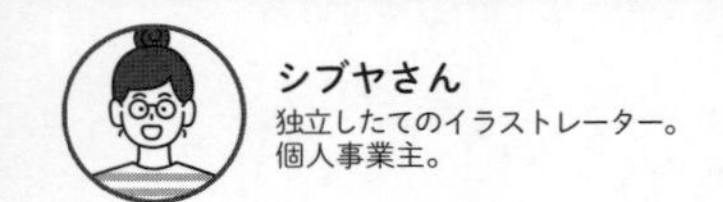
シブヤさん
独立したてのイラストレーター。
個人事業主。
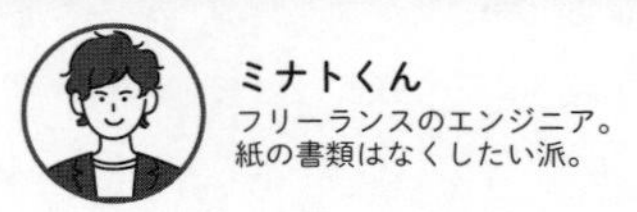
ミナトくん
フリーランスのエンジニア。
紙の書類はなくしたい派。

カマタさん
会計ソフト「MK ソフト」の営業
担当。電子帳簿保存法に詳しい。

スキャナだけでなく、スマホやデジカメで撮影した写真データでの保存も可能なので、スキャナを買わなくても手軽に始められます。

ただし、**原本データである紙を廃棄することとなるため、改ざん防止のための事務処理に関する要件**が他の保存方法よりも厳密に定められています。

なお、スキャナ保存が可能な取引関係書類には、「**重要書類**」と「**一般書類**」とされるものがあり、一般書類は**重要書類より簡易な保存**が認められています。

重要書類・一般書類の区分の例

重要書類	一般書類
資金や物の流れに直結・連動する書類	資金や物の流れに直結・連動しない書類
契約書、納品書、請求書、領収書など	見積書、注文書、検収書など

スキャナ保存の要件

①ファイルの要件

PDF
JPG

【画質】
・解像度200dpi相当以上
・256階調以上(24ビットカラー)
※一般書類はグレースケールＯＫ

【形式】
・ファイル形式の指定はなし
・台紙に並べて貼ってスキャンしたものでもＯＫ
(P.26掲載の検索要件を満たすことに注意)

②システム要件

内容	要件
タイムスタンプ	一定期間内の**タイムスタンプ**の付与
読取情報	**解像度、階調、大きさ**に関する情報の保存 ※書類が A4 サイズ以下である場合や一般書類については、大きさの情報は不要 (令和６年１月１日以後は廃止)
バージョン管理	**訂正又は削除**を行った場合には、その**事実、内容の確認**が可能
入力者等情報	**登録をした人又は管理者**の情報の確認が可能 (令和６年１月１日以後は廃止)

帳簿との相互関連性	契約書・領収書等の重要書類に関する画像データとそれに対応する帳簿との間の**関連性の確認**ができる
検索機能	下記の要件による検索が可能 ①**取引年月日その他の日付、取引金額、取引先**で検索できる ②日付又は金額の**範囲を指定**して検索できる ③２つ以上の任意の項目を**組み合わせて検索**できる ※税務調査の際に、調査官の求めに応じてダウンロードできるようにしている場合は②、③は不要

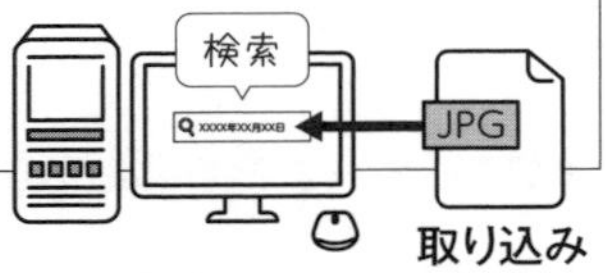

③社内体制

内容	要件
モニター等の出力要件	① 14インチ以上の**カラーディスプレイ、カラープリンター、操作説明書**を備え付けること ② データを次の状態で速やかに出力できること イ　できる限り分割されることなく、完全な形の画像で ロ　紙と同程度に鮮明に ハ　拡大、縮小が可能 ニ　４ポイントの大きさの文字を認識できる
システム概要書等の備え付け	**システム概要書**や操作説明書、**事務処理規程に関する書類**を備え付けること
入力期間の制限	**早期入力方式、業務処理サイクル方式**のいずれか ※一般書類は適時入力方式

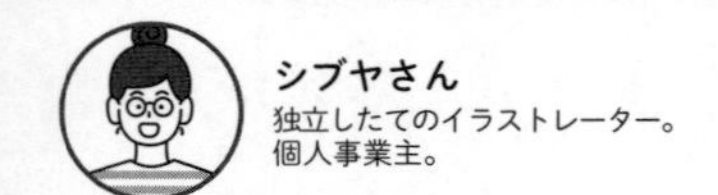

シブヤさん
独立したてのイラストレーター。
個人事業主。

ミナトくん
フリーランスのエンジニア。
紙の書類はなくしたい派。

カマタさん
会計ソフト「MK ソフト」の営業担当。電子帳簿保存法に詳しい。

わー、帳簿の保存と違ってたくさん要件があるんですね。

そうですね。相手からもらった書類と違い、**紙からデータにする際に改ざんされる可能性**も考慮して細かいルールがあるんです……
ただし、ファイルの作成方法とタイムスタンプの話以外は、帳簿書類の保存のところでも出てきている話と重複していますから、一緒におさえておけば大丈夫ですよ。

タイムスタンプって何ですか？

ファイルの作られた日時をデータで埋め込むことで、
改ざん防止の役割をする技術なんです。

■タイムスタンプとは

スキャナ保存の肝となる要件が、**タイムスタンプ**です。タイムスタンプは、ある時刻において、**そのデータが存在していたこと**や、**その時点以降改ざんされていないこと**を証明することができるセキュリティ上の技術です。

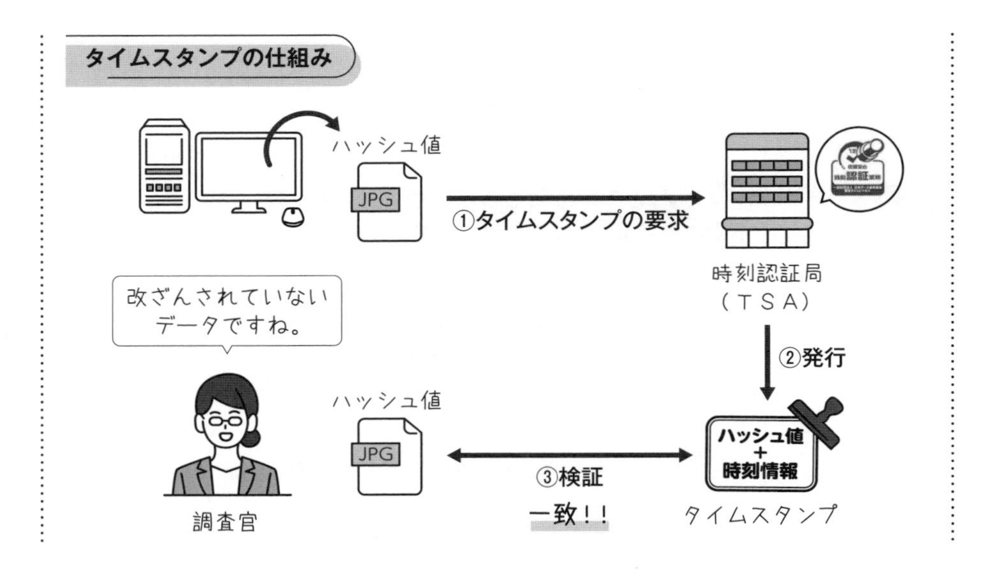

① ユーザーがソフト上でデータを作成したら、そのデータの**ハッシュ値**を生成し、**時刻認証局**（**TSA：Time-Stamping Authority**）に送付します。

② TSA は、受領した**ハッシュ値に時刻情報を結合**したタイムスタンプを発行し、ユーザーに送付します。

③ 検証をする際は、データ上のハッシュ値を計算し、**タイムスタンプに含まれるハッシュ値と比較**します。これが一致していれば、そのタイムスタンプ発行時にそのデータが確かに存在していたことになり、かつ、それ以後改ざんされていないことが証明できます。

＼ワンポイント解説／

【ハッシュ値とは？】

元になるデータから一定の計算手順で求められた固定長（fixed length　長さ・桁数・文字数・データの長さがあらかじめ決まっている）の値。
入力値が変わるとハッシュ値も変わるため、データの改ざんが行われないことが証明できます。この特徴により、暗号や電子署名などのセキュリティ技術として利用されます。

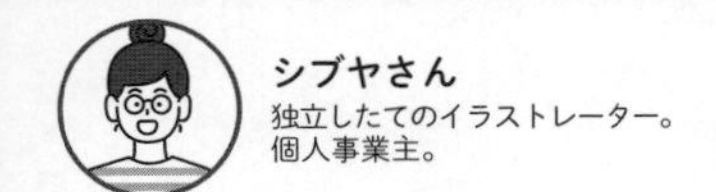

シブヤさん
独立したてのイラストレーター。
個人事業主。

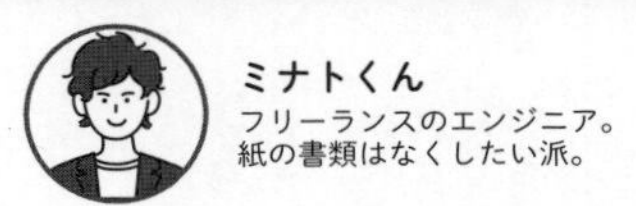

ミナトくん
フリーランスのエンジニア。
紙の書類はなくしたい派。

カマタさん
会計ソフト「MK ソフト」の営業担当。電子帳簿保存法に詳しい。

よく、スキャナとかで時刻情報が付されるものがありますが、あれじゃダメなんですよね？

それだと、時刻のデータを改ざんできてしまうのでダメなんですよ。タイムスタンプは、**一般社団法人日本データ通信協会から時刻認証業務を行う事業者**として認定を受けた機関が付与することに意味があるんです。**第三者が認証するから、信頼できる**制度なんですよ。

なるほど。それじゃ、電子帳簿保存法でスキャナ保存をしたかったら、TSA と契約してタイムスタンプをもらわないといけないんですか？

いえ、昔はそうだったんですが、今では私たちのような会計ソフトのベンダーが「**時刻配信業務認定事業者（TAA）**」となって、**TSA と契約してタイムスタンプを発行できる**ので、**TAA の認定マーク**がついているソフトを使うことで、電子帳簿保存法の要件を満たしたタイムスタンプ作成ができるんです。
もちろん、弊社も認定を取っていますので、安心してください。

時刻配信業務認定マーク

このマークが目印！

時刻配信業務認定マーク

■タイムスタンプはいつまでに押せばいいの？

　タイムスタンプの制度は確かに信頼ができる制度ですが、利用するユーザー側がいつでも処理できるようでは、**原本となる紙の書類を改ざんした後でデータ化**することも考えられます。そこで、スキャナ保存では、**事務処理に関するルール**も決められています。

でも、これも毎月きちんと習慣づけておけば難しくないことです。

事務処理に関しては、**早期入力方式、業務処理サイクル方式、**適時入力方式の３つ方法がありますが、一般的には**業務処理サイクル方式**で対応できるようにしておくといいと思います。

業務処理サイクル方式とは

2ヵ月以内の任意の業務処理サイクルとして自社で定めた期間＋7日間以内にタイムスタンプを付与する方式です。

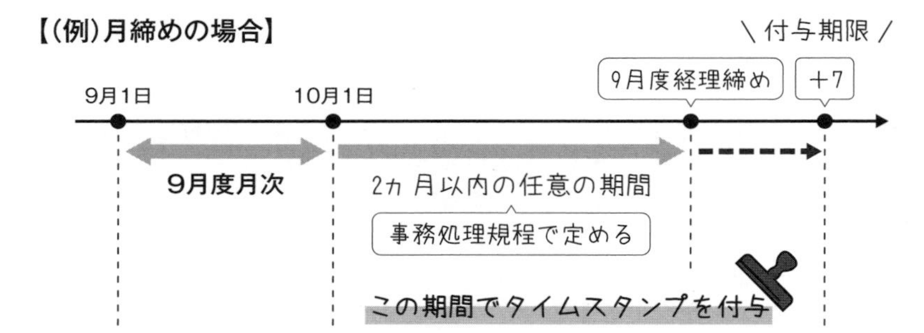

早期入力方式は約１週間で押さなければいけないので、業務処理サイクル方式でルール化できていれば問題ないと思いますよ。

適時入力方式は一般書類だけですよね？

そうです。適時入力方式も業務処理サイクル方式で運用して、間に合わなかったときは、「**正しく読み取られていることを確認した都度付与**」という規定なので、気づいたら、という感じでしょうか。

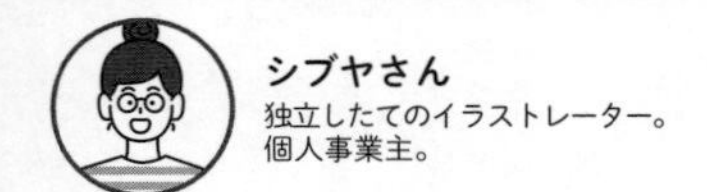
シブヤさん
独立したてのイラストレーター。
個人事業主。

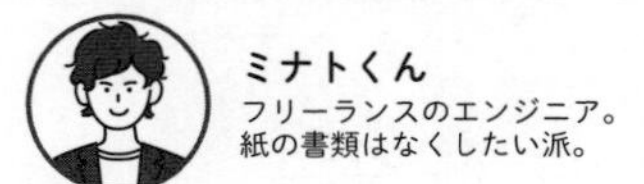
ミナトくん
フリーランスのエンジニア。
紙の書類はなくしたい派。

カマタさん
会計ソフト「MKソフト」の営業
担当。電子帳簿保存法に詳しい。

重要書類で期日に間に合わなかったらどうするのですか？

■タイムスタンプが期限までに付与できなかったら？

タイムスタンプの付与期限に間に合わなかった場合の保存は、もちろん原則どおり「**紙**」です。期日に間に合っていないものは、きちんと紙をファイリングして保管しておきましょう。**スキャナ保存は義務ではない**ので、いざとなったら紙で取っておけばいいと思って、まずは気軽に挑戦してみるのもいいですね。

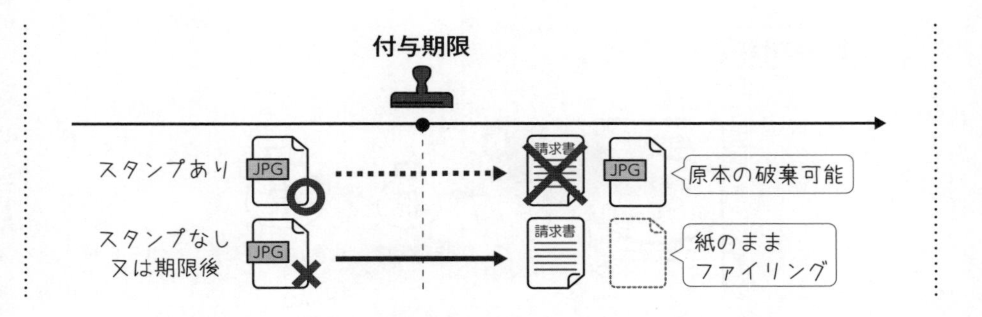
付与期限
スタンプあり
JPG
請求書
JPG
原本の破棄可能
スタンプなし
又は期限後
JPG
請求書
紙のまま
ファイリング

ファイルそのものが要件どおりにできていない場合も原本がないとまずいので、**一定の確認期間**を設けて、その間は原本も同時に保管し、**保管期限をすぎたら破棄**するというサイクルをつくるといった運用をすると安全に保存できると思いますよ。

なるほど。私は心配性だし、しばらくは両方とっておきます……

■不正があった場合は厳しい措置がある

スキャナ保存は、原本が破棄されてしまうので、原本を見ることができない税務署にとって、**納税者と税務署の信頼関係**が保たれることが制度の維持には重要だと国は考えています。そのため、スキャナ保存が行われた取引に関して、**後から書類の改ざんなどが発見された場合**のペナルティーも重くなっています。

こうした不正の事実を**仮装隠蔽**（かそういんぺい）といいますが、通常これが発覚すると「**重加算税**（じゅうかさんぜい）」というペナルティーの税金が**追徴税額とは別に**課されます。

スキャナ保存に関する不正が発覚した場合には、この重加算税が**10% 加算される重いペナルティー**が課せられますから、正しい運用できちんと保存することが大切ですね。

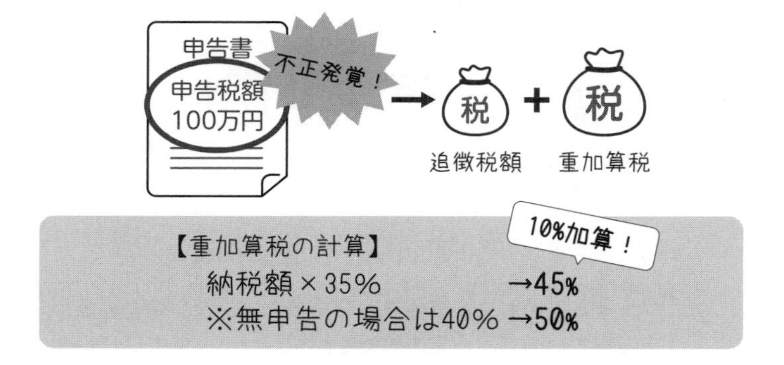

まとめ

- ☑ 原本データが破棄できるスキャナ保存は満たさなければいけない要件が多い。画質やシステムもチェックしておこう
- ☑ タイムスタンプは押すことを習慣づけよう
- ☑ 不正が発覚したら重いペナルティーも

6 電子取引は整理が大事

～保存要件を確認しよう～

PDF などでもらったデータはきちんと整理するだけで OK です。
整理のポイントをみていきましょう。

シブヤさんのサイトの改修も終わったから、うちからの請求書、メールしといたよ。
お互いがデータでやり取りすれば**タイムスタンプもいらない**し楽だよね。

PDF の請求書なのにタイムスタンプいらないんですか？

取引先からもらったデータは、電子帳簿保存法の３つの保存方法の「**電子取引**」の方に分類されるから、タイムスタンプはなくてもいいんだよ。

■もらったデータは「電子取引」保存の対象に

請求書のやり取りも最近では紙の請求書を郵送することが減ってきました。大手企業も経費削減のために郵送をやめているところが増えていますよね。

こうした**相手から受け取った**画像やデータなどは、電子帳簿保存法では「**電子取引**」といって、**スキャナ保存よりも簡単なルール**での保存が認められています。ほかの２つの方法と異なり、**電子取引については、データ保存が義務化**されています。ここだけは、しっかり対応できるようにしましょう。

電子取引って、具体的にどういうデータが当てはまるのでしょうか？

PDF でもらった請求書だけでなく、カード明細とかいろいろなデータが対象になるよ。

■電子取引の対象データ

電子取引の対象となるデータは、以下のようなものが該当します。こうしてみると、ほんとうにさまざまなデータが当てはまることがわかります。

電子取引のデータの例
電子メール
電子メール本文に記載された請求書や領収書のデータ
添付ファイル
PDF
電子メールの添付ファイルで受領した請求書や領収書
インターネット
インターネットのサイトからダウンロードする請求書や領収書
クラウドサービス
クラウドサービスを利用して授受する請求書や領収書
カード・スマホアプリ
クレジットカードやICカード、スマホアプリなどからクラウドサービス等により受領する請求書や領収書
EDIシステム
EDIシステムを使ってやり取りする受発注データ
ペーパーレスFAX
ペーパーレスFAX機能があるコピー機を利用したFAXデータ
DVD
DVDなどの記録媒体を介して授受した請求書や領収書

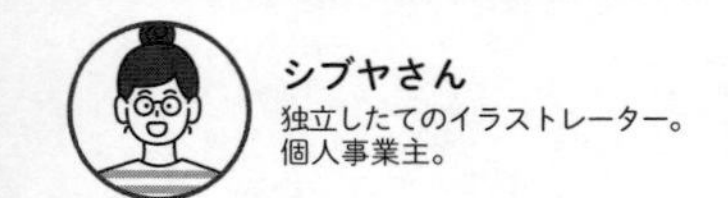
シブヤさん
独立したてのイラストレーター。
個人事業主。

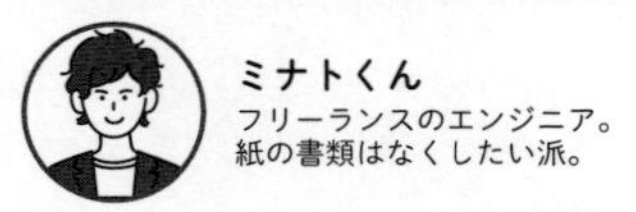
ミナトくん
フリーランスのエンジニア。
紙の書類はなくしたい派。

データって言ってもいろんな形があるんですね。
ファイル形式は何でもいいんですか？

特に決まってないので、**スマホのスクショ画面**でもいいし、メールやショッピングサイトの購入履歴は**画面コピーを保存**しておけばOK。
スキャナ保存と違って、解像度の指定もないから、帳簿の入力に使うものはとにかくフォルダに集めておけばいいんだ。

電子取引は令和４年の改正で**電子保存が義務化**された部分なので、**要件も少なく**、取り入れるハードルがグッと低くなったといえるでしょう。自分でデータ化するスキャナ保存に比べて、相手から送られたものだと、**改ざんの可能性も低く**、データ形式も決まりがないので、これなら対応できそうです。ただし、改ざんが見つかった場合には**スキャナ保存と同じ罰則**があるから要注意です（P.32参照）。

■電子取引の保存要件

電子取引は保存されたデータが改ざんされていないことを保証する「**真実性の要件**」と保存されたデータが税務調査などの際に検索・表示できるようにする「**可視性**（かしせい）**の要件**」という２つの要件があります。とはいえ、これまで見てきた内容と同じものが多いので、復習の意味も兼ねて見てみましょう。

電子取引の保存要件

真実性の要件	以下の**いずれかの措置**を行うこと。 ①相手から**タイムスタンプが付された後**、データをもらう。 ②データをもらった後、**スキャナ保存と同様の入力期間内にタイムスタンプ**を付す。 ③データの**訂正・削除を行うことができないシステム**で保存。 または、訂正・削除を行った場合にはこれらの**事実を確認できるシステム**を利用する。 ④訂正・削除に関する**事務処理規程**を定め、その規程に沿った運用をする。
可視性の要件	パソコン、ディスプレイ、プリンタなどの**出力機器**とソフトの**操作マニュアル**を備え付けること。 また、画面やプリントしたものに、データをきれいに出力できること。
	システム概要書を備え付けること。
	３つの検索機能を確保すること。 ①**取引年月日その他の日付、取引金額、取引先**で検索できる。 ②日付又は金額の**範囲を指定**して検索できる。 ③２つ以上の任意の項目を**組み合わせて検索**できる。 ※②、③については、税務調査の際に、調査官のダウンロードの求めに応じることができるようにしている場合は不要

たくさんありますが、**真実性の要件はどれか一つ**ができればいいんですね。

そうなんだ。だから、できるものだけ考えたらいいよ。
可視性の要件の方は全部必要だけど、**スキャナ保存と同じ**だから、自分でスキャンしたものと一緒に取り扱えば問題ないよ。

真実性の要件 ※いずれかを選択

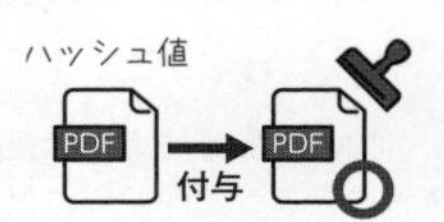

相手がタイムスタンプを付与したデータを受領	スキャナ保存と同様の処理でタイムスタンプを付与	訂正・削除ができないシステムを利用	訂正・削除に関する事務処理規程を定める

どれか一つでいいので、いちばん簡単なのは**事務処理規程を定めること**。

タイムスタンプにしても、漏れてしまう可能性もあるし、規程を作っておいた方が安心ですね。
規程って何を書いておいたらいいのでしょうか？

■訂正・削除に関する事務処理規程ってどんなもの？

それでは、事務処理規程とは、どういう内容を定めておけばいいのか見ていきましょう。実は**国税庁からひな形が公開されている**ので、それを参照して作成すれば大丈夫です。たとえば、個人事業者の方であれば次ページのような簡単なものでいいのです。

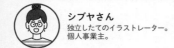

電子取引データの訂正及び削除の防止に関する事務処理規程

この規程は、電子計算機を使用して作成する国税関係帳簿書類の保存方法の特例に関する法律第7条に定められた電子取引の取引情報に係る電磁的記録の保存義務を適正に履行するために必要な事項を定め、これに基づき保存することとする。

(訂正削除の原則禁止)
保存する取引関係情報の内容について、訂正及び削除をすることは原則禁止とする。

(訂正削除を行う場合)
業務処理上やむを得ない理由(正当な理由がある場合に限る。)によって保存する取引関係情報を訂正又は削除する場合は、「取引情報訂正・削除申請書」に以下の内容を記載の上、事後に訂正・削除履歴の確認作業が行えるよう整然とした形で、当該取引関係情報の保存期間に合わせて保存することをもって当該取引情報の訂正及び削除を行う。

一　申請日
二　取引伝票番号
三　取引件名
四　取引先名
五　訂正・削除日付
六　訂正・削除内容
七　訂正・削除理由
八　処理担当者名

見本

この規程は、令和○年○月○日から施行する。

(出典：国税庁「電子帳簿保存法一問一答【電子取引関係】(令和4年6月)問28)

これを用意するだけなら問題ないですね！

もちろん、これは基本的なものだし、法人だったら部署もたくさんあるから、もっと具体的な内容が必要だけど、**①原則、訂正削除を行わない、②どういう条件なら行えるのか**を定めておけばいいんだ。法人用のひな形も公開されているよ。

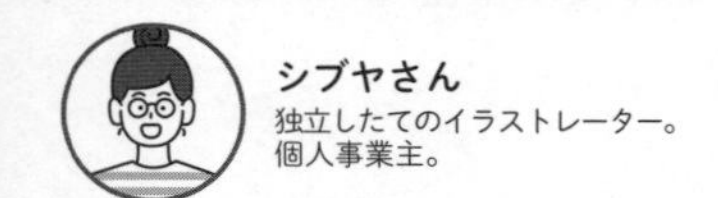
シブヤさん
独立したてのイラストレーター。
個人事業主。

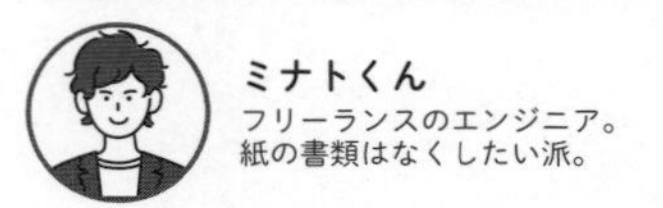
ミナトくん
フリーランスのエンジニア。
紙の書類はなくしたい派。

カマタさん
会計ソフト「MK ソフト」の営業
担当。電子帳簿保存法に詳しい。

■検索要件を満たすソフトの選び方

可視性の要件で、もっとも重要なことは**検索要件**です。ほかの2つは、パソコンやマニュアルがあれば対応できることです。

検索要件で重要なのは、**ファイルの整理方法**です。

僕は MK ソフトさんの**ストレージサービス**を利用しているんだ。**検索要件に沿った検索ができる**し、スキャナ保存のタイムスタンプもソフトを使えばバッチリ！

カマタさんにも教えてもらいました。でも、私、普段から使っているストレージがあって、変えるべきか悩んでいるんですよね。**ストレージサービスを選ぶ注意点**ってありますか？

それなら、**JIIMA の認証ソフト**かどうかをチェックするといいと思うよ。電子帳簿保存法に関するすべてのソフトの認証なんだ。

電子帳簿保存法の運用に当たっては、事務作業をやりやすくするためのさまざまなソフトやアプリがあります。「**電子帳簿保存法対応！**」という広告を見ることも多くなりましたよね。ソフトの機能が実際に電子帳簿保存法の要件を満たしているかどうかは、公益社団法人日本文書情報マネジメント協会（通称「**JIIMA**」）において、**電子帳簿保存法の要件に対するソフトの認証**を行っているので、次のページにあるマークが入っているものを選べば問題ありません。

JIMMA の認証ロゴマーク

令和3年改正法令基準　　令和3年改正法令基準

3つの保存要件ごとに異なる認証マークがあります

■小規模事業者の対応

なお、**前々年（法人は前々事業年度）を判定期間**とし、**この期間の売上高が1,000万円以下である小規模な事業者**については、税務調査の際にダウンロードの求めに応じることができれば、**検索要件の適用がありません**。シブヤさんもしばらくは気にしなくて良さそうです。

小規模事業者向け

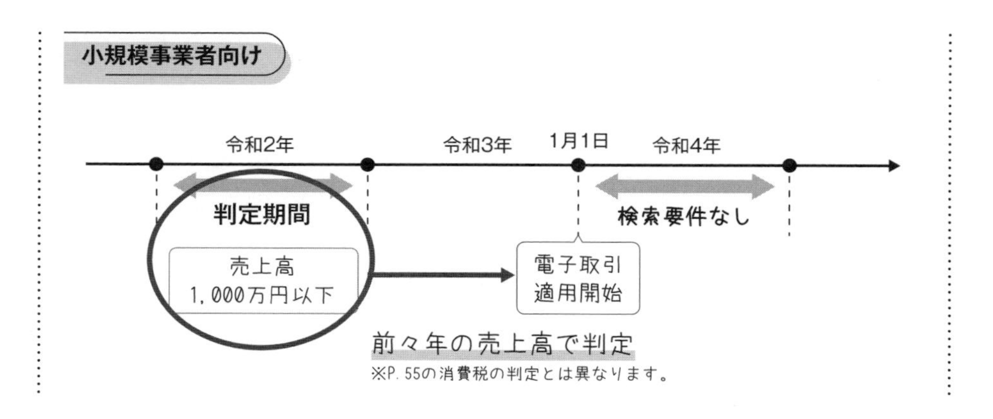

また、検索要件が必要な規模の事業者も**エクセル等で検索簿を作ったり、ファイル名を検索できる内容にする**ことで検索できるようになるので、きちんと整理できればソフトがなくても対応できそうですね。

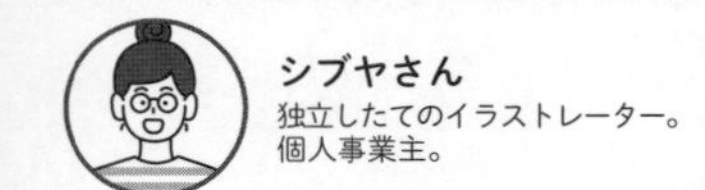

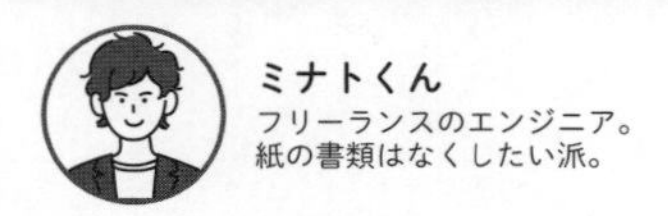

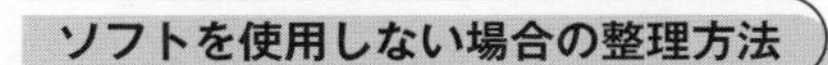

ソフトを使用しない場合の整理方法

検索簿を作成する

連番	金額	取引先	備考
①	20210131	㈱品川商店	請求書
②	20210210	足立工務店㈱	注文書
③	20210228	足立工務店㈱	領収書

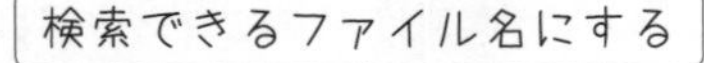

20210131_㈱品川商店_110000

■令和６年１月１日からの検索要件の取扱い

さらに、令和６年１月１日からは、この検索要件が不要となる特例の対象者が、下記のいずれかを満たす事業者と改正されました。

① その判定期間（個人事業主は前々年、法人は前々期（前々事業年度））の売上高が**5,000 万円以下**である事業者

② 税務調査などの際に、**そのデータをプリントしたもの**（紙にきれいに出力されたもので、日付や取引先ごとに整理されたもの）の提示又は提出の求めに応じることができる事業者

売上高の基準がだいぶ高い金額になるんですね。

そうだね。それに、データをプリントしたものを提示できればいいみたいだから、とりあえずひとつのフォルダにまとめておけば、問題なさそうだね。

■データ保存の準備ができない場合

いろいろと準備が必要な電子取引の保存ですが、**令和５年12月31日までは宥恕期間**が設けられています。

また、データ保存の対応ができないことについて、相当の理由があり、かつ、税務調査の際、データのダウンロードの求めに応じることができ、さらに紙にプリントしたものを提示又は提出をすることができるようになっていれば、令和６年１月１日以後も検索要件にかかわらず保存が認められます。

思ったより厳しくないですね。
あまり、焦って用意しなくてもよさそうですね。よかったー！

しばらくはそんなに構えなくてもいいけど、これからもどんどんデータのやり取りは増えていくし、僕みたいに早く習慣化しちゃえば、紙の残らないスッキリした生活が待ってるよ〜。

まとめ

- ☑ 電子取引の保存は義務化。まずは、事務処理規程を用意しよう
- ☑ 検索できるファイルの保存方法を考えよう

7 電子保存は、将来どうなるの？

～電子帳簿保存法と将来の税務調査～

いろいろなメリットがある電子帳簿保存法ですが、実はこの背景には国のDX戦略が関係しています。これからの経理環境を少しだけのぞいてみましょう。

それにしてもミナト先輩、電子帳簿保存法が急にデータ保存を義務化したのって、なにか意図があるんでしょうか？

僕も詳しくはわからないけど、コロナの影響で**テレワークが進んだこと**も原因にあるんじゃないかな？
僕の友達で経理の仕事の人がいるけど、最初は**テレワークなのに、会社に請求書を取りにいかないと支払いができなかったり**で苦労していたよ。

私たちと違って、たくさんの請求書や領収書をチェックする経理の人は大変ですものね。
データで保存してあれば、テレワークでも問題なく仕事ができますもんね。

■税務行政におけるDXへの取組み

この数年話題のDX（デジタル・トランスフォーメーション）ですが、日本では、まったく進んでないと思われがちな行政についても、実は**少しずつデジタル化が進んでいます**。

特にe-Taxをいち早く導入し、デジタル化に実績のある国税庁では、「**あらゆる税務手続が税務署に行かずにできる社会**」を目標に、**オンラインでの確定申告方法を充実させたり、AIを利用した調査対象者の選定**を行ったり、デジタルの取組みがますます広がっています。

これからは税務調査も Web 会議みたいになるのですかね？

実は、**大企業では、もうすでにリモート調査は始まっている**らしいよ。経理の友人がいうには、Web 会議システムを使って国税局の職員とオンラインでやり取りしていたらしい。
コロナ禍で大変なときに、会社に来られるより、スムーズにできてよかったって言っていたな。

■電子帳簿保存法で国が目指すもの

国税庁が公開する資料によると、**令和２年７月**から、大規模法人を対象に**リモート調査**が導入されました。この背景には、実地調査件数の落ち込みがあります。

令和２年度の法人税等の実地調査率は前年比 32.7%* と大幅に落ち込みました。これは、コロナ禍における緊急事態宣言等が影響していることと思われます。こうした状況下にあって、今後、**実地調査が難しくなる環境も想定したリモート調査**の取組みはますます進んでいくでしょう。その第一歩が電子帳簿保存法の改正なのです。

* 国税庁「令和２事業年度　法人税等の調査実績の概要」（令和３年 11 月）より

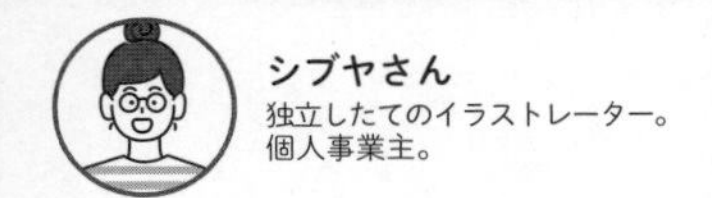

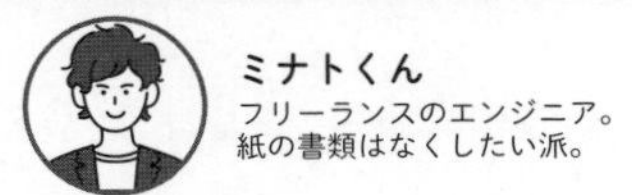

将来の税務調査はこうなる！？

【リモート調査の例】

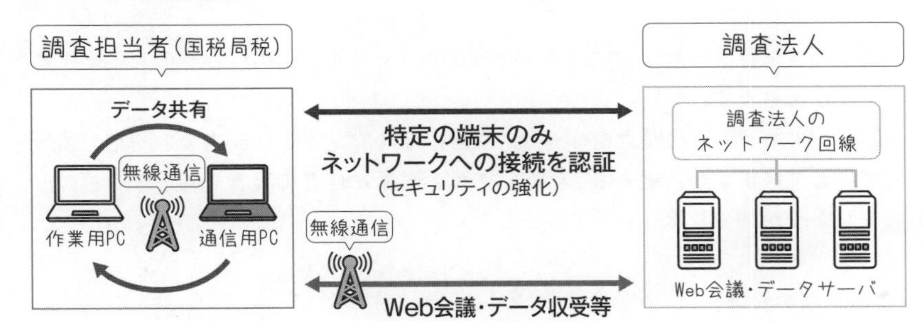

（出典：国税庁「税務行政のデジタル・トランスフォーメーション－ 税務行政の将来像2.0 －」（令和3年6月）P.22）

電子帳簿保存法の改正には、今後のインボイス制度導入とさらなるペーパーレス化を踏まえた狙いがあるかもしれないね。

わー、それも勉強しないといけないですね。さまざまな行政手続きがデジタル化される社会になれば、私たちの生活も大きく変わりそうですね。

まとめ

- ☑ 電子帳簿保存法の改正は、あらゆる税務手続きが税務署に行かずにできる社会になる第一歩
- ☑ 税務調査はリモート調査化が加速する

やってみたコラム①

オンラインストレージに保存して検索はできる？

電子帳簿保存法の対応には、まず義務化される電子取引の保存への対応を考える必要があります。

レシートやデータの請求書は一般的なオンラインストレージ内での所定の箇所に保存していますが、電子帳簿保存法の検索要件にはどの程度対応できるものなのでしょうか？少し実験をしてみました。

【当事務所の管理】

請求書や領収書は下の図のように年度ごと、月ごとのフォルダを作り、1月ごとにまとめています。今回は3月のフォルダから、タクシーアプリ「GO」を使って利用したタクシー代1,460円の領収書を探してみます。

最低限の検索要件は「①取引年月日、②取引金額、③取引先で検索できること」です。

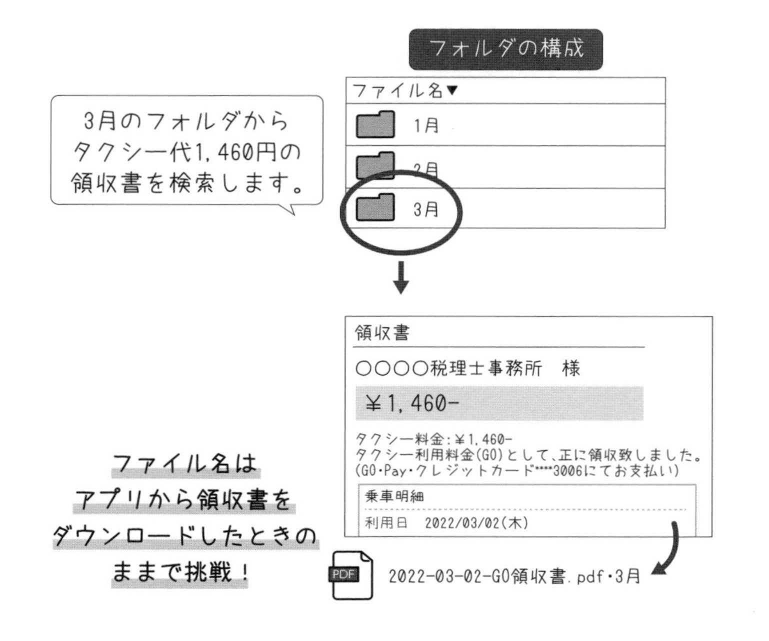

フォルダの構成
ファイル名▼
1月
2月
3月
3月のフォルダから
タクシー代1,460円の
領収書を検索します。
領収書
○○○○税理士事務所　様
¥1,460-
タクシー料金：¥1,460-
タクシー利用料金(GO)として、正に領収致しました。
(GO・Pay・クレジットカード****3006にてお支払い)
乗車明細
利用日　2022/03/02(木)
PDF
2022-03-02-GO領収書.pdf・3月
ファイル名は
アプリから領収書を
ダウンロードしたときの
ままで挑戦！

検索結果はこのようになりました。

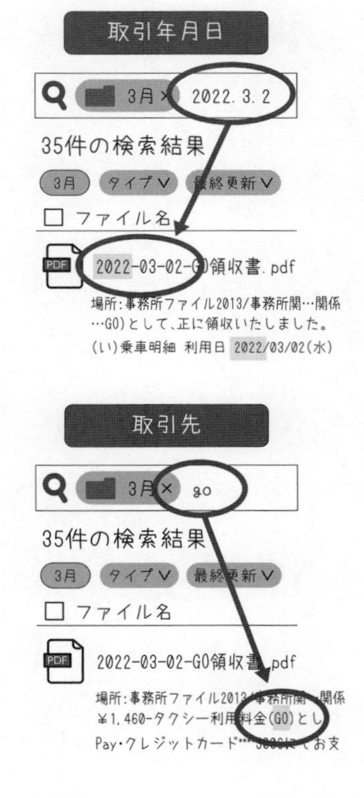

オンラインストレージでは、ファイル内の文字列にも検索がかかるので、**検索そのものはできそう**です。

ただし、「GO」を「go」としても検索はかかるものの、「1,460」を「1460」にすると検索できません。文字列だけを拾うには限界がありそうです。

ストレスなく電子保存を可能にするには、電子帳簿保存法に適した専用ストレージなどが必要になりそうですね……。

第2章

だれでもわかる
消費税
インボイス制度

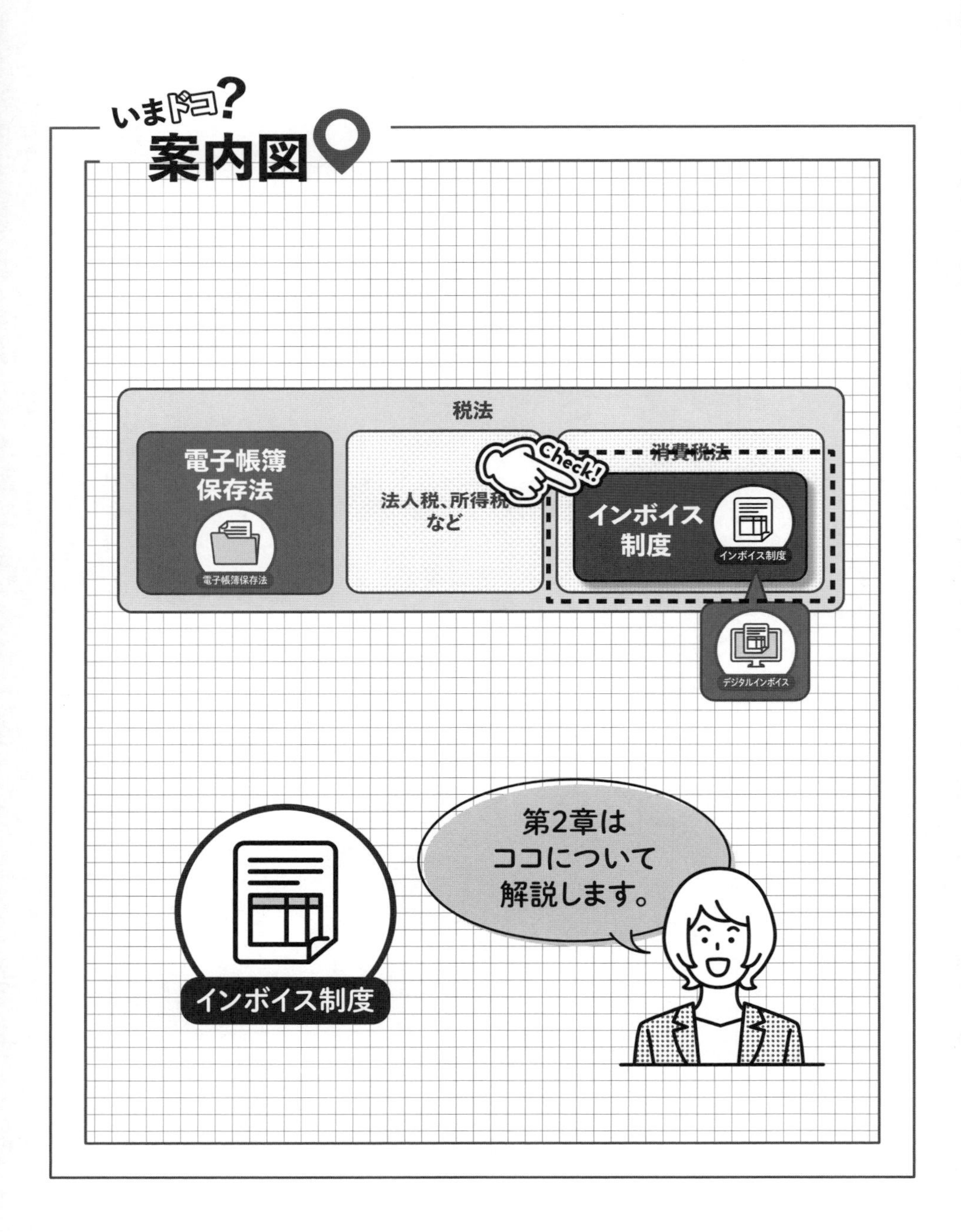
いまドコ?
案内図
税法
電子帳簿
保存法
電子帳簿保存法
法人税、所得税
など
Check!
消費税法
インボイス
制度
インボイス制度
デジタルインボイス
第2章は
ココについて
解説します。
インボイス制度

いよいよ、令和5年10月1日から消費税のインボイス制度が開始されます。
これは、世の中の仕組みが変わる大改正です。
早めに準備しないといけません。
この章では、ちがさき商会を経営するあいこさんや
税理士のえびな先生たちと一緒にインボイス制度について学んでいきましょう。

お父さんの後を継いで、「スーパーちがさき」を経営
・地域の飲食店などに卸売販売も始めたちゃっかり者
・消費税は父の代から課税事業者
あいこさんのお店に自分で買い付けた新鮮野菜を納品する仕入業者
・まだ事業を始めたばかり
・消費税は免税事業者だけど、インボイス制度が始まったら課税事業者になるべきか悩んでいる
SUPER MARKET
取引先
あいこさん
ふじさわ屋
相談相手
顧問先
ちがさき商会㈱の顧問税理士
・お父さんの後を継いで、「えびな会計事務所」を経営する二代目税理士
・ちがさき商会は父の代からの取引先
えびな先生

この章で学ぶこと

●インボイス（適格請求書）がないと仕入税額控除が受けられないことを理解する
●インボイスを発行できるのは登録をした課税事業者だけ
●小規模な商いなら、簡易課税にするという手もある

いよいよ始まるインボイス制度

～インボイスってどんなもの？～

インボイス制度は、消費税の計算を正確な情報が書かれたインボイス（適格請求書）を基に行うこととする新しい制度です。

あいこさん、そろそろインボイス制度が始まるから、ちがさき商会でも対応していかないといけないですね。

聞いたことはあるんですが、いったいどんな制度なんですか？

インボイス制度とは、法律で定められた内容を記載した請求書をお互いが発行することで、正しい消費税が計算できるようになる制度なんです。

■消費税の計算の仕組み

消費税は、原則として、国内での**すべての商品やサービスの消費について課税される税金**です。そのため、実際に税金を負担するのは**消費者**ですが、税金自体は商品の販売を行う**事業者**が売上の際に税金分を徴収し、消費者に代わって国に税金として納める方法を取っています。

このときに、売上の税金をそのまま納税してしまうと、仕入れの際に別の事業者に支払った税金の納税が**事業者間で重複**してしまうため、これを避けるために仕入れの際に支払った税金を控除して納付します。これを**仕入税額控除**といいます。

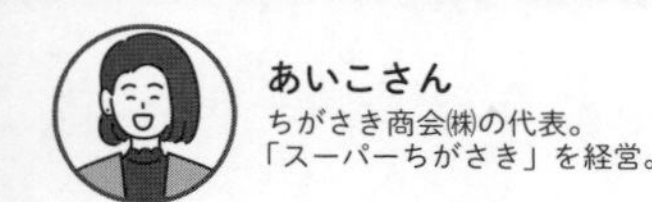

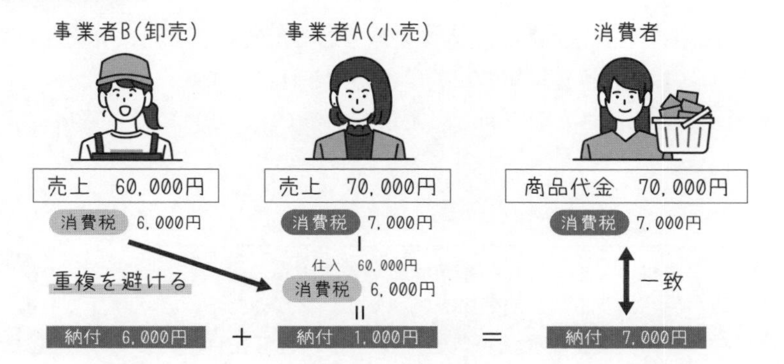

ちがさき商会はふじさわ屋から６万円分の仕入れをしていますよね？
ということは、ふじさわ屋は6,000円の税金を納税しているはずだから、ちがさき商会ではこの6,000円の税金を引いて納税します。そうすると、２人が納税した税金が、消費者の負担した税金と一致するんです。

なるほど、確かにふじさわ屋さんの請求書にも消費税が書いてあるから、うちも消費税を払ってるはずですものね。

いいところに気づきましたね。消費税の金額がちゃんと書いてあれば、お互いにいくらの税金をやり取りしているのかわかりやすいですよね？
でも、この消費税の記載はこれまで義務ではなかったんです！

■インボイスは記載事項を厳格化した請求書のことを指す

このように、消費税は取引の双方がやり取りした消費税額を元に計算されますが、これまで取引における消費税額の記載は義務化されていませんでした。これを法定化したものが**インボイス**という新しい請求書なのです。正確には「**適格請求書**」といいます。

でも、消費税って納税しない事業者もいますよね？
ふじさわ屋さんがもし、消費税を納税していなかったら、どうなるんですか？

いい質問ですね。このやり方は、お互いの事業者が税金を納税していることが前提なんです。でも、実際は事業の規模に応じて消費税の納税義務がない事業者もいるので、その場合はこの前提が崩れてしまいます。

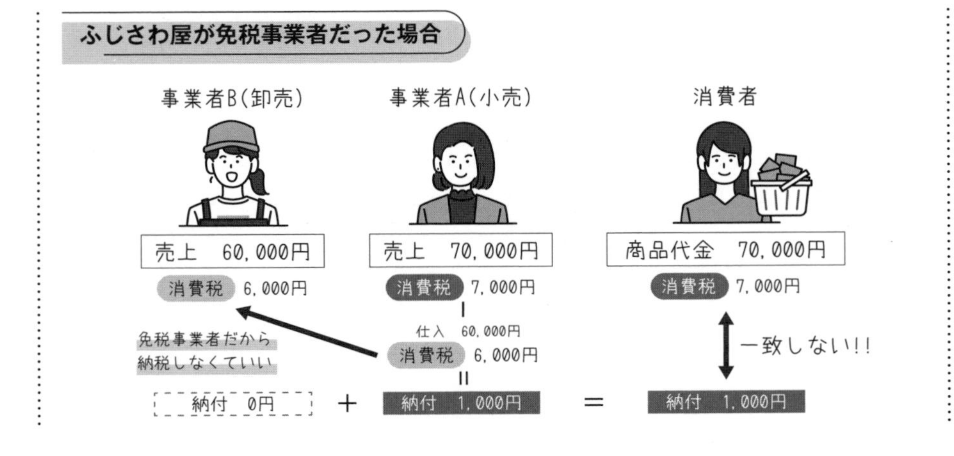

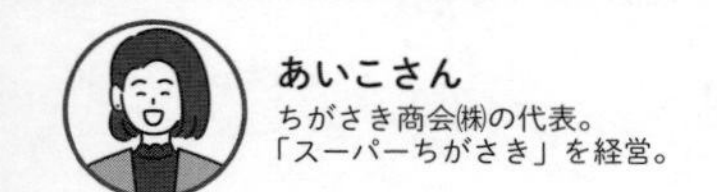

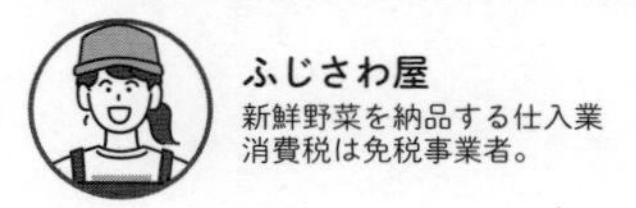

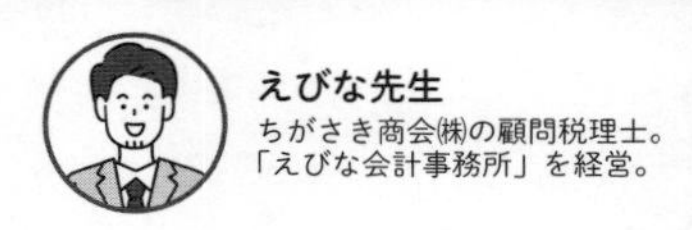

＼ ワンポイント解説 ／

【免税事業者とは？】

消費税の申告・納税を行わなくてもよい事業者を指します。免税事業者は、基準期間（２年前）の課税売上高が1,000万円以下であったなど、一定の要件に該当する場合に対象となります。

■インボイスによって、税金の有無が明確になる

ふじさわ屋が現在免税事業者だったら、ちがさき商会がふじさわ屋に支払った消費税はどうなってしまうのでしょうか？

実は、ふじさわ屋に納税義務はないので、受け取った消費税6,000円は、**ふじさわ屋の利益**となってしまうのです。

そこで、こうしたことが起こらないようにするために、お互いがインボイスを作成して、**①納税義務のある事業者かどうか？②税金の金額はいくらなのか？**を請求書で明確にわかるように制度化されました。これが、**インボイス制度**です。

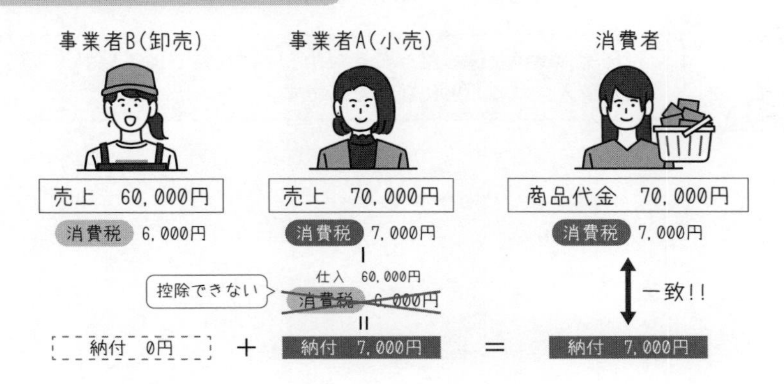

■正しい税額が計算できるようになる

　これまでは、相手からもらった請求書の情報だけでは相手の状況が把握できずにいたことから、仕組み的に正確な税金が把握できないでいました。これからは、インボイスのやり取りによって、正しい税金の動きが把握でき、より**正しい税額が計算できる**ようになるのです。

でも、それじゃなんで今まではインボイスでなくてよかったんですか？

消費税が導入された当時、まだパソコンもそんなに普及していなかったから、請求書は手書きのものが多かったんです。多くの事業者にとって、消費税をきちんと計算してインボイスを作成することが難しかったんですね。

そうか、今はデータ社会ですものね。いろいろなソフトも普及してるし、簡単にソフトで消費税の計算もできるようになりましたものね。

税務署の環境整備も整ってきたから、満を持してインボイス制度が導入されることになったんです。

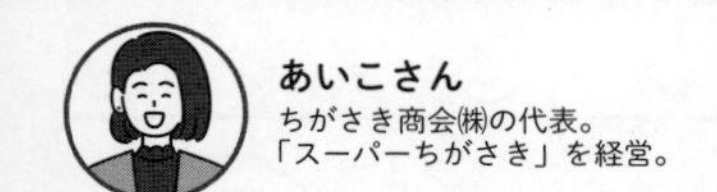
あいこさん
ちがさき商会㈱の代表。
「スーパーちがさき」を経営。

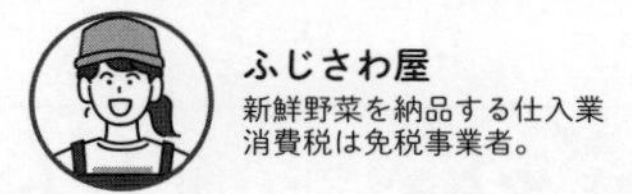
ふじさわ屋
新鮮野菜を納品する仕入業
消費税は免税事業者。

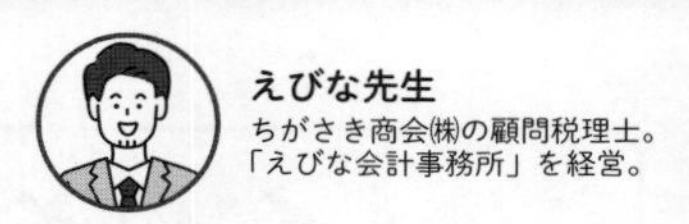
えびな先生
ちがさき商会㈱の顧問税理士。
「えびな会計事務所」を経営。

■インボイス制度の導入に向けての５つのポイント

ここで、インボイス制度導入に向けた５つのポイントを見ていきましょう。

① インボイスの対象事業者の登録を行おう
② 自社の請求書がインボイスの要件を満たすようにしよう
③ インボイスを前提とした仕入の計算方法を確認しよう
④ 取引先との契約をどうするか検討しよう
⑤ 簡易課税や２割特例など特例の利用を考えよう

まとめ

- ☑ インボイスは消費税の納税義務や取引の正確な消費税額を把握するための新しい請求書のこと
- ☑ インボイスのやり取りで消費税が正しく計算される仕組みになる

2 インボイスを発行するには、まず事業者登録を！

～適格請求書発行事業者の登録～

インボイス（適格請求書）が発行できるのは税務署に登録をしている事業者だけです。では、どのようにしたら登録されるのでしょうか。

インボイスを発行できるのは、**税務署に納税をしている事業者**だけですよね？でも免税事業者かどうかは**売上の基準**だからわからないと思うんですが……

そうなんです。そこでこれからはインボイスを発行したいと思ったら、税務署にインボイスの発行ができる事業者として**登録**しておかないといけないんです。

■インボイスを発行できるのは登録事業者のみ

インボイスを発行するためには、税務署に「**適格請求書発行事業者**（てきかくせいきゅうしょはっこうじぎょうしゃ）**の登録申請書**（とうろくしんせいしょ）（登録申請書）」を提出し、事業者の登録を行わなければなりません。

この登録の申請ができるのは、**課税事業者**だけです。そのため、免税事業者がインボイスを発行するには、先に課税事業者にならなければなりません。このひと手間があるので、インボイスの発行があれば、相手が課税事業者になっていることがわかるのです。

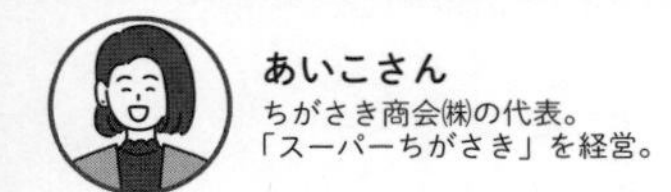
あいこさん
ちがさき商会㈱の代表。
「スーパーちがさき」を経営。

ふじさわ屋
新鮮野菜を納品する仕入業
消費税は免税事業者。

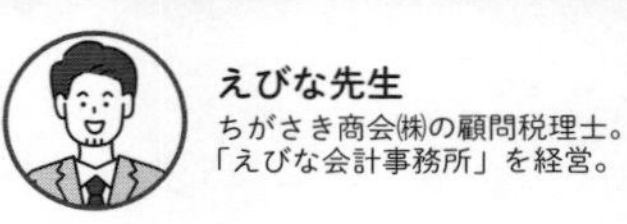
えびな先生
ちがさき商会㈱の顧問税理士。
「えびな会計事務所」を経営。

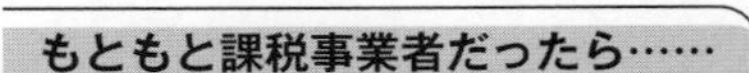
もともと課税事業者だったら……

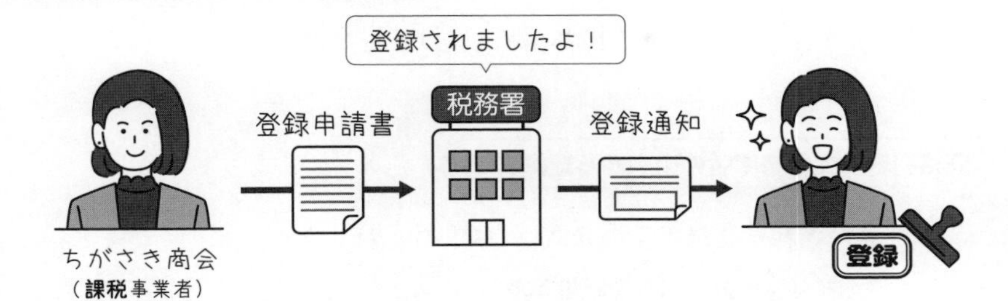
登録されましたよ！
税務署
登録申請書
登録通知
ちがさき商会
（課税事業者）
登録

免税事業者だけどインボイスを発行したい！

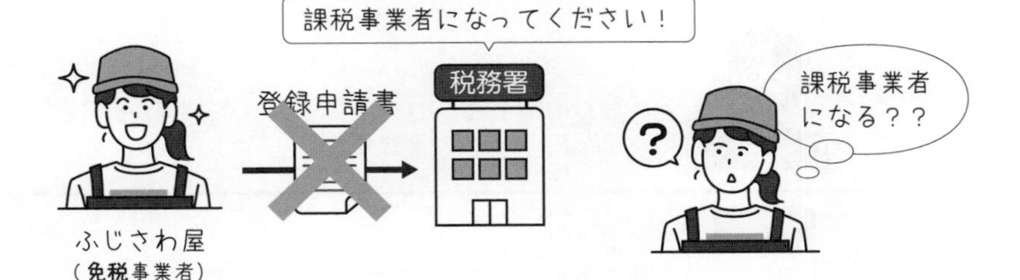
課税事業者になってください！
税務署
登録申請書
課税事業者
になる？？
ふじさわ屋
（免税事業者）

課税事業者かどうかは売上の基準なのに、免税事業者の人でも課税事業者になれるんですか？

免税事業者でも課税事業者になれる制度として、「**課税事業者の選択**」という制度があるんです。税務署に選択の届出書を出せば、売上に関係なく**自分で選んで**課税事業者になることができますよ。

その書類を出して、自分から**課税事業者になれば、インボイスの登録申請書が提出できる**わけですね。

■適格請求書発行事業者の登録申請

適格請求書発行事業者の登録申請の流れは以下のとおりです。

適格請求書発行事業者の申請から登録まで

通知される登録番号の構成は、以下のとおりです。

・法人番号を有する課税事業者
　T＋法人番号（13桁）
・上記以外の課税事業者（個人事業者、人格のない社団等）
　T＋数字（13桁）

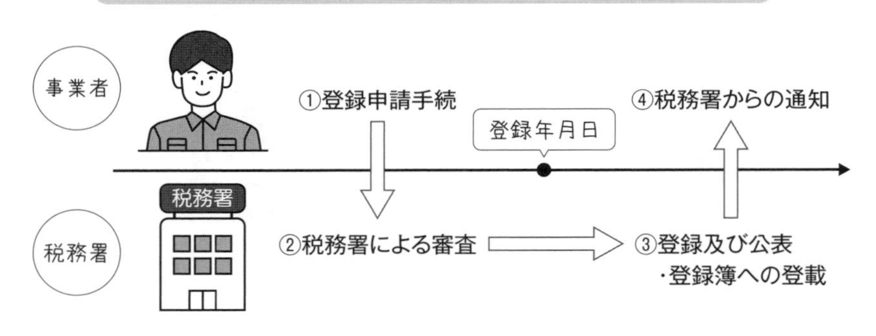

事業者は以下の事項をインターネットを通じて確認できます。

・適格請求書発行事業者の氏名又は名称
・登録番号、登録年月日（取消、失効年月日）
・法人の場合、本店又は主たる事務所の所在地

上記のほか、事業者から公表の申出があった場合には
・個人事業者：主たる屋号、主たる事務所の所在地等
・人格のない社団等：本店又は主たる事務所の所在地

（出典：国税庁「消費税軽減税率制度の手引き」令和3年8月版）

事業者から申請書を受領した税務署は、まず内容を**審査**します。問題がなければ登録事業者として登録し、登録簿に①**その事業者の情報**と②**登録番号**を登録します。

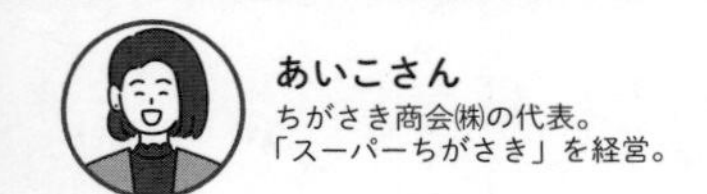
あいこさん
ちがさき商会㈱の代表。
「スーパーちがさき」を経営。

ふじさわ屋
新鮮野菜を納品する仕入業
消費税は免税事業者。

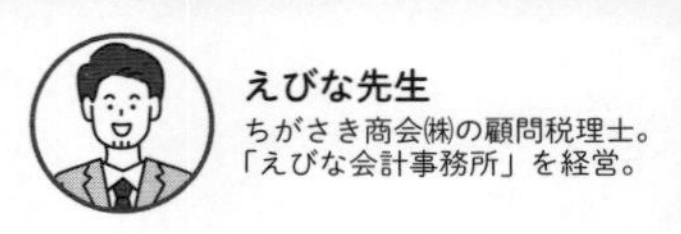
えびな先生
ちがさき商会㈱の顧問税理士。
「えびな会計事務所」を経営。

この**登録をされた日**から適格請求書発行事業者になります。登録番号は、**申請者に税務署から通知**されるので、通知を受けた**番号を請求書に記載**することで正式にインボイスを発行できることになるのです。

税務署の審査といっても、その事業者が過去に重大な法令違反をおかしたことがあるなどの**登録拒否要件**に該当しない限りは承認されないことはないんです。
ふつうは、出せば承認されるので、心配はいらないですよ。

登録事業者になれるのは登録された日で、申請書を出した日ではないんですね。注意しないといけないですね。

■いつ事業者登録ができているかが大事

適格請求書の登録のスケジュールは以下のとおりです。

登録申請のスケジュール

登録申請手続は、令和3年10月1日から行うことができます。適格請求書等保存方式が導入される令和5年10月1日から登録を受けるためには、原則として、令和5年3月31日までに登録申請手続を行う必要があります。

令和3年10月1日	令和5年3月31日	令和5年10月1日
登録申請受付開始	登録申請手続の期限※ (令和5年10月1日から登録を受ける場合) ※遅延した場合の取扱いについては次ページを参照。	適格請求書等保存方式の導入

(出典:国税庁「消費税軽減税率制度の手引き」令和3年8月版に加筆)

申請書の提出から実際に登録簿に登録されるまでは日数を要することから、**事前に手続きをしておかなければなりません。**

令和５年10月１日の制度開始日の段階で登録が終わっているようにするには、原則的には、**令和５年３月31日までの提出**が必要ですから、希望する人は早めに申請するようにしましょう。

ただし、遅れてしまっても、**令和５年９月30日までに提出されたものについては、特例により令和５年10月１日に登録される**ことになっていますので、３月末に間に合わなくても対応は可能です。ですが、登録簿には事後的に登録されるため、取引先が混乱しないように早めの登録が大事ですね。

■課税事業者の選択の特例

なお、現在**免税事業者である者は、適用開始日（令和５年10月１日）から適格請求書発行事業者になる**こともできます。その場合には、課税事業者と同様に原則として令和５年３月31日までに登録の申請書を出すだけで、**課税事業者を選択しなくても登録事業者**になれます。

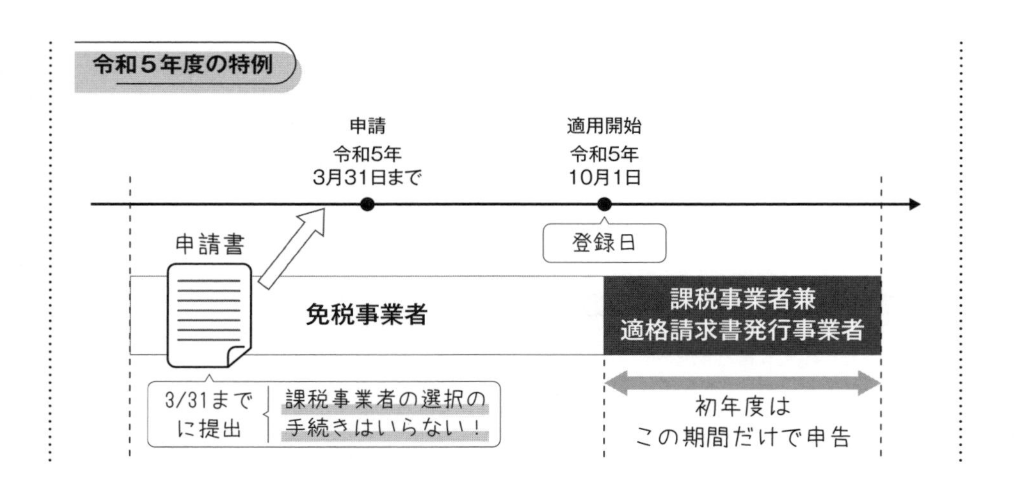

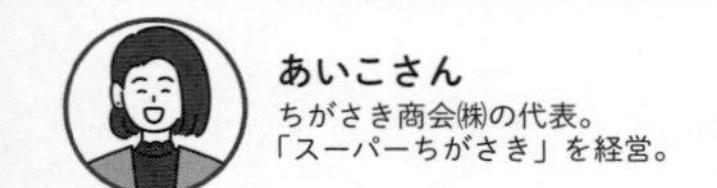

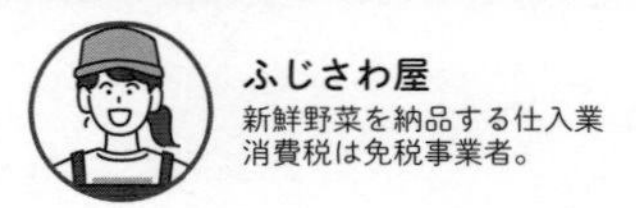

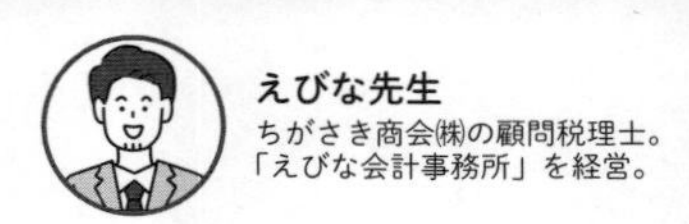

免税事業者は**インボイス制度がない時点では、課税事業者にならなくてもいいん**ですね。

登録事業者に登録されると納税義務も発生してしまいますからね。ただし、これはあくまで、**令和５年度だけの優遇措置**だから、この時期以外で適用を受ける場合には、事前に課税事業者の選択の手続きも必要になりますよ。

■課税期間の始めから登録事業者になりたい場合

免税事業者が、登録申請書の提出により登録事業者になることができるのは、申請書の提出日ではなく、**登録簿に登録された日**になるため、申請書は事前に提出しておく必要があります。

そのため、令和５年10月１日以後に訪れる課税期間の期首から登録を受けたい場合には、**その登録を受けたい課税期間の初日から起算して15日前まで**に登録申請書を提出しておく必要があります。

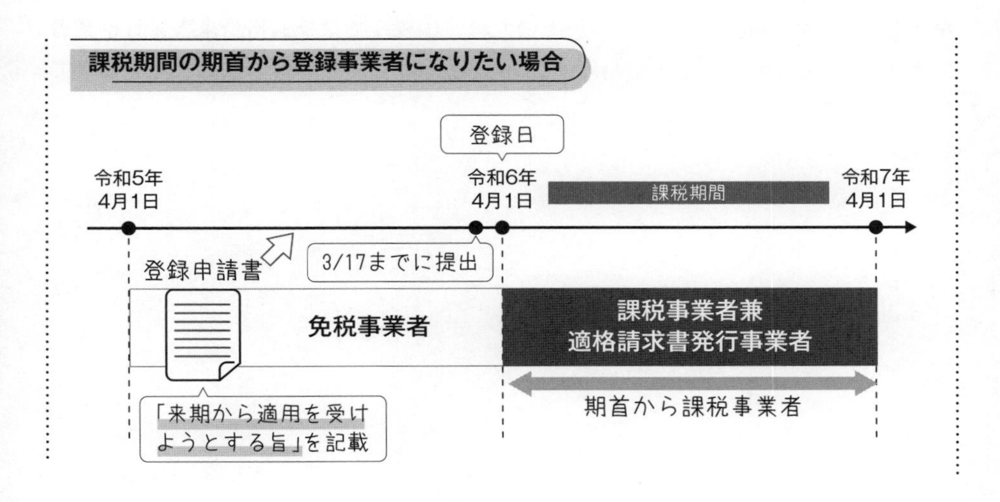

なるほど、少し早めに提出しないといけないのですね。

はい、そうなんです。令和５年10月１日以後で提出する場合で、すぐに登録したい場合についても、登録希望日の15日前までに申請書を提出しておく必要がありますから、「15日前」というのをキーワードで覚えておいてくださいね。

わかりました。ところで、相手の事業者が令和５年10月１日の段階で登録されているかどうかは確認できるのでしょうか？番号があっても登録日が10月１日かはわからないですよね。

■登録事業者の確認方法

あいこさんの言うとおり、登録日が確認できなければ、登録が遅れて請求書が発行された時点で登録されていない場合も考えられます。そのため、インボイス制度では①**誰が登録されているのか？**という情報以外に②**いつから登録されていたのか？**という日付が問題となります。そのため、国税庁では「**適格請求書発行事業者公表サイト**」（https://www.invoice-kohyo.nta.go.jp/）で登録簿の登録状況を検索できるようにしています。

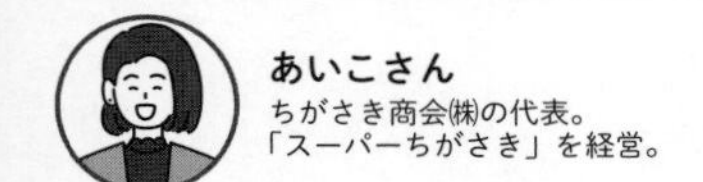

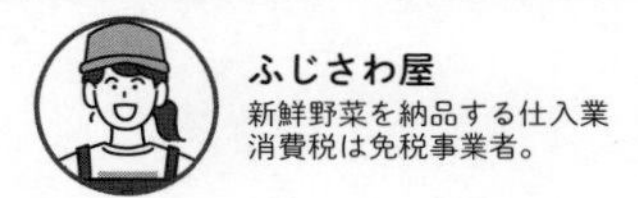

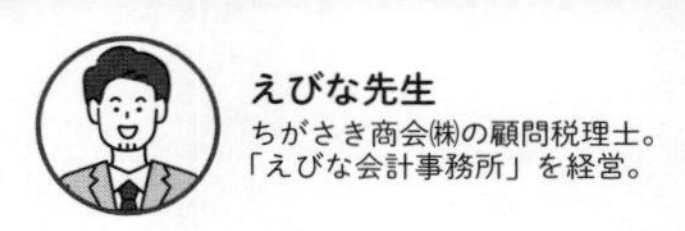

適格請求書発行事業者公表サイト

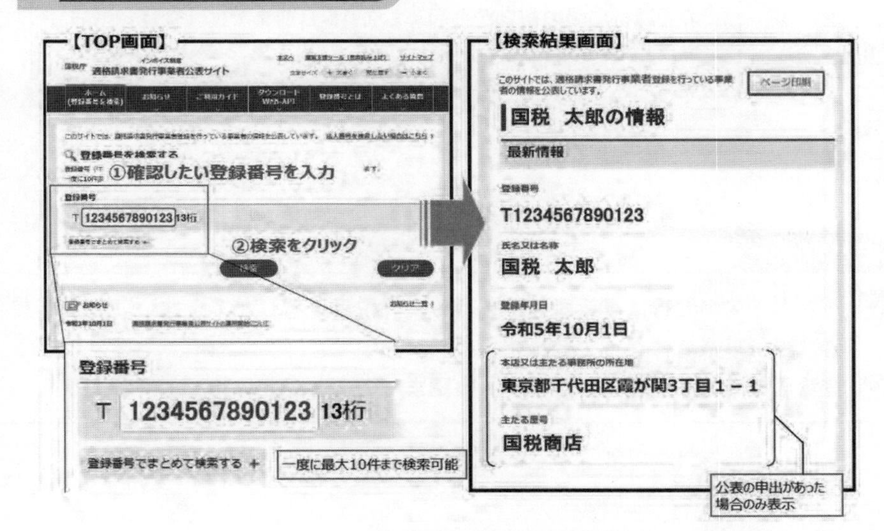

（出典：国税庁「消費税軽減税率制度の手引き」令和3年8月版）

登録番号により、

①事業者の氏名、名称　②法人の本店所在地
③登録番号　④登録年月日　⑤登録取消（失効）年月日

が検索できる。

個人事業者は、「適格請求書発行事業者の公表事項の公表（変更）申出書」の提出により、申請書に記載した以外の屋号や事務所やお店の住所などを公開することも可能！

登録された事業者は、登録をやめるときにも**やめたい課税期間の翌課税期間の初日から起算して15日前までに「登録抹消届出書」を提出**しないとやめられないため、免税事業者に戻る場合も日付の管理が重要になります。

まとめ

- ☑ インボイスの発行は事業者登録を行った課税事業者しかできない。免税事業者は課税事業者になって登録を
- ☑ 登録事業者は「登録日」が重要。申請までのスケジュールを理解しよう

3 インボイスには何を書いたらいいの？

～インボイスの法定要件～

インボイス制度は、取引の際にやり取りした消費税をお互いが正確に把握するための制度です。そのため、記載内容が重要になります。

うちもインボイス（適格請求書）が出せるように今から準備を進めないといけないですね。ところで、インボイスの用紙はどこで売っているんですか？

インボイスは専用の用紙があるわけではなく、**法律で決められた記載事項が書かれた請求書や領収書**のことをいうんです。だから、新しい用紙を用意する必要はないですよ。

そうだったんですね！
それじゃあ、うちの請求書のままでも大丈夫なんでしょうか？

■インボイスの法定記載事項と消費税

ちがさき商会が普段発行している請求書は次のようなものです。

令和4年4月10日

請求書

喫茶にのみや御中

神奈川県茅ケ崎市××
ちがさき商会株式会社

商品	単価	個数	金額
キッチンペーパー	150	5	750
レモン(8%)	100	10	1,000
合計(10%税込)			750
合計(8%税込)			1,000

うちは食料品を販売しているので**軽減税率**のものと**標準税率**のものはわけて計算しています。軽減税率が導入されたときに先生に教えてもらったとおり、どれが軽減税率の対象の商品かわかるようにしてあります。

そうでしたね。それでは、インボイスの記載事項と比べてどこを直すべきか見ていきましょう。

インボイスには次の６つの項目が記載されている必要があります。

制度対応の請求書（インボイス）

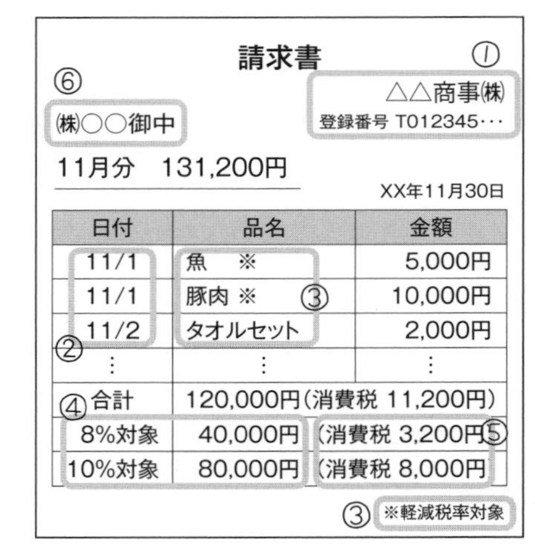

請求書 ①

⑥

㈱○○御中

△△商事㈱
登録番号 T012345・・・

11月分　131,200円

XX年11月30日

日付	品名	金額
11/1	魚　※	5,000円
11/1	豚肉 ※　③	10,000円
11/2 ②	タオルセット	2,000円
⋮	⋮	⋮
④合計	120,000円（消費税 11,200円）	
8%対象	40,000円	（消費税 3,200円）⑤
10%対象	80,000円	（消費税 8,000円）

③ ※軽減税率対象

①適格請求書発行事業者の氏名又は名称及び登録番号

②取引年月日

③取引内容（軽減税率対象品目である旨）

④税率ごとに区分して合計した対価の額（税抜き又は税込み）及び適用税率

⑤税率ごとに区分した消費税額等

⑥書類の交付を受ける事業者の氏名又は名称

（出典：国税庁「消費税軽減税率制度の手引き」令和3年8月版）

ちがさき商会の発行する請求書には、６つの記載事項のうち、**消費税額**の記載がありません。これは「**区分記載請求書等保存方式**」といって、軽減税率が導入されたときに義務化されたフォーマットをそのまま使っているからです。インボイスは

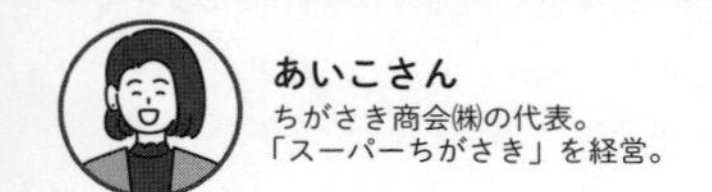
あいこさん
ちがさき商会㈱の代表。
「スーパーちがさき」を経営。

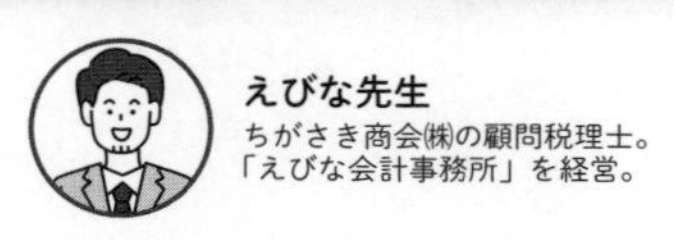
えびな先生
ちがさき商会㈱の顧問税理士。
「えびな会計事務所」を経営。

これに追加して、消費税額も記載しなければなりません。インボイスの発行目的は、**「売手が買手に正確な適用税率や消費税額等を伝えるための手段」**だからです。

ちなみに消費税額の書き方は**外税**でも**内税**でも大丈夫ですよ。
それから、**登録番号**も忘れずに！

なるほど。うちはもともと税込みで記載していたから、これにそれぞれの税率ごとの消費税額と登録番号を書けばいいということですね。

＼ **ワンポイント解説** ／

【軽減税率とは？】
消費税の対象となる取引のうち、①食料品、②定期契約により販売する新聞については、税負担の公平の観点から一般取引による標準税率（10％）よりも低い税率（８％）が採用されています。これを軽減税率といいます。軽減税率導入の際には、請求書等に①軽減税率の対象となる取引と②税率ごとの合計額を明示することが義務付けられました。この義務による作成方法を「区分記載請求書等保存方式」といいます。

■レジで精算の場合には適格簡易請求書

ちがさき商会は、卸販売のほかに一般の消費者に商品を販売する「スーパーちがさき」も運営しています。スーパーのお客さんにはレシートを発行していますが、インボイス制度ではこのレシートをどうしたらいいのでしょうか。

スーパーのお客さんにはいつも請求書は発行しません。これからは、これもインボイスの６つの記載事項を書かないといけないのでしょうか？

スーパーのように不特定のお客さんに販売する業態では記載事項の一部を省略できるんです。これは「**適格簡易請求書**（てきかくかんいせいきゅうしょ）」といって、省略してもインボイスとして認められますよ。

適格簡易請求書を発行することができる事業者は、ちがさき商会のように**不特定多数の者**に商品等を販売する事業者です。

具体的には以下のような事業者が該当します。

①小売業　②飲食店業　③写真業　④旅行業
⑤タクシー業　⑥駐車場業　⑦その他

これらの業種では、相手方の氏名等や取引条件等を事前に確認したりはしませんので、「**書類の交付を受ける者の氏名又は名称**」を記載する必要はありません。また、消費税の記載についても、**適用税率が記載されていれば税額部分を省略する**こともできるとされています。

制度対応のレシート

スーパーちがさき
神奈川県茅ケ崎市××
登録番号T9876543210123

2022年4月10日

※国産豚バラ肉		
※ササニシキ5K	1点	1,800
アルミホイル	1点	100
合　計		2,220
8%対象	2点	2,120
10%対象	1点	100
お預かり		2,500
おつり		280

※印は軽減税率対象商品です

個々の税額の記載がなくてもOK（併記も可）

それでしたら、うちで発行するレシートは、登録番号だけ記載すれば適格簡易請求書になるんですか？

そうですね。税率がきちんと明示されているので、登録番号を印字できるようにしておけば問題なさそうですね。

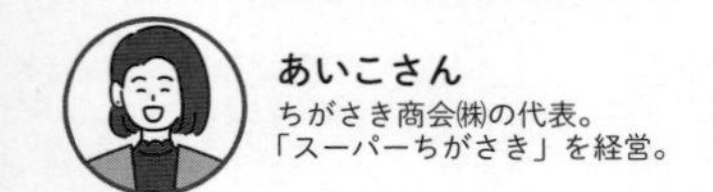
あいこさん
ちがさき商会㈱の代表。
「スーパーちがさき」を経営。

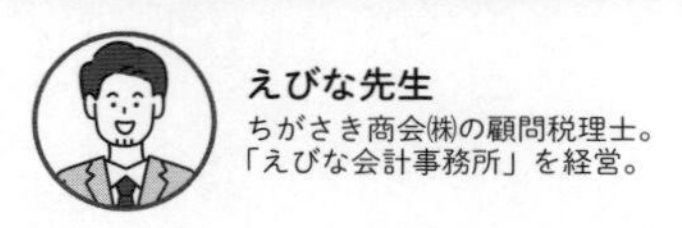
えびな先生
ちがさき商会㈱の顧問税理士。
「えびな会計事務所」を経営。

■仕入側が発行する仕入明細書の取扱い

ところで、買手が販売数量に応じて買取りをするような業態では、買手が発行した「**仕入明細書**」を**売手側が確認し**、支払いを受けることが一般的です。この場合の**仕入明細書はインボイスとなる**ため、売手側が別途請求書を発行する必要はありません。

買手が販売数量に応じて買取りするような場合

10個買い取ります！

OKです！

仕入明細書

SUPER MARKET

10個販売

内容の確認

消費者

駅前マルシェ

ちがさき商会

代金の決済

この場合には、**ちがさき商会の登録番号を仕入明細書**に書いてもらいます。そのときに、駅前マルシェは「**○日間返答がなければ確認があったものとする**」というような文言を仕入明細書に書いておくことで確認したものとすることがきるのです。

■インボイスの端数処理

これらのインボイスにおける消費税の計算では、**合計欄で１回だけ**消費税額を計算し、**１円未満の端数処理**を行います。１つの商品ごとに税率を乗じて端数処理したうえで、合計欄で消費税額を合計する方法は認められません。

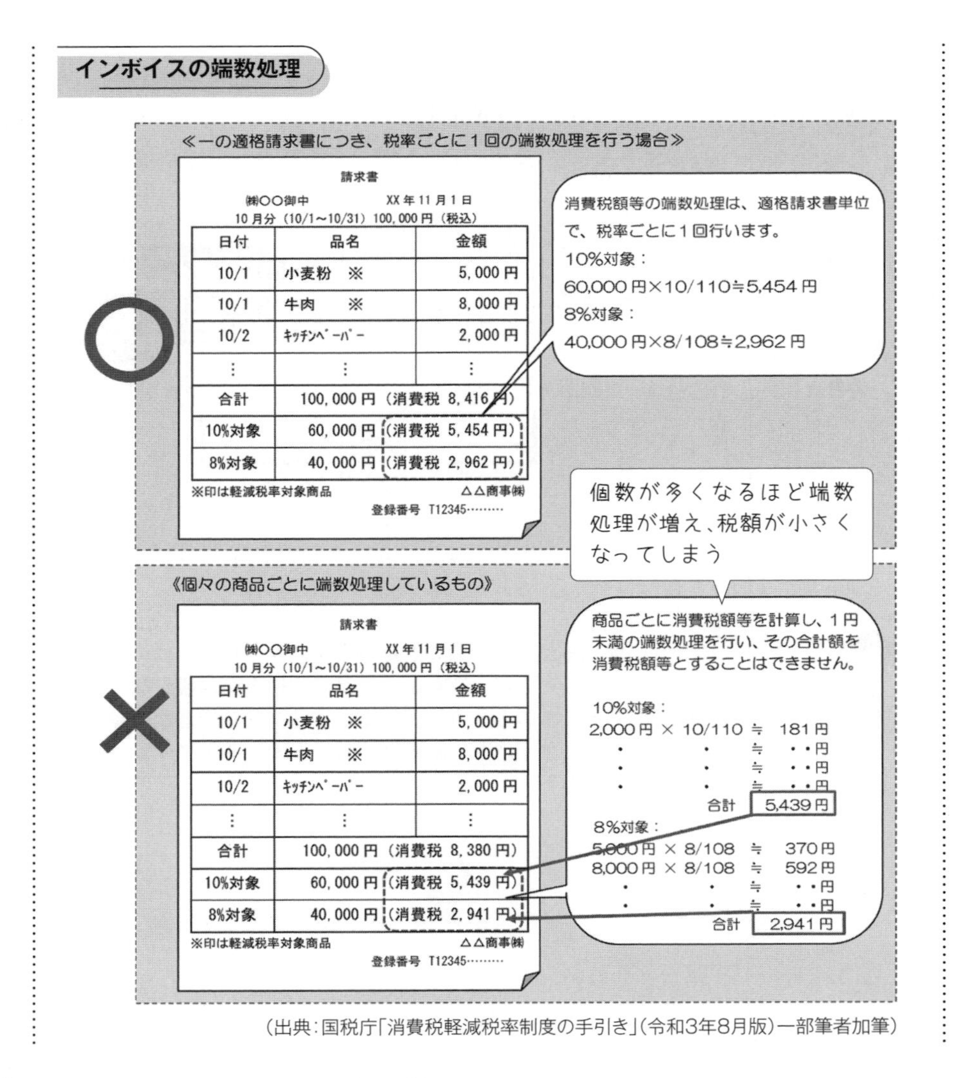

（出典：国税庁「消費税軽減税率制度の手引き」（令和3年8月版）一部筆者加筆）

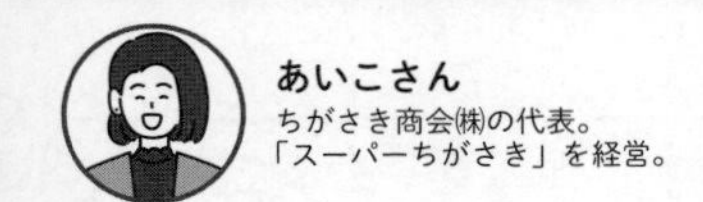
あいこさん
ちがさき商会㈱の代表。
「スーパーちがさき」を経営。

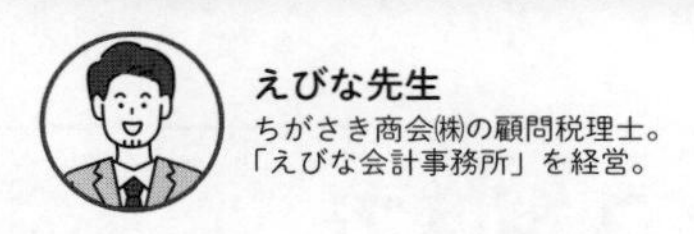
えびな先生
ちがさき商会㈱の顧問税理士。
「えびな会計事務所」を経営。

インボイスは必ずしも請求書である必要はないんです。
納品書や契約書などでも記載事項が満たされていれば代用できますが、この端数処理のルールが守れるものをインボイスとする必要がありますので、注意してくださいね。

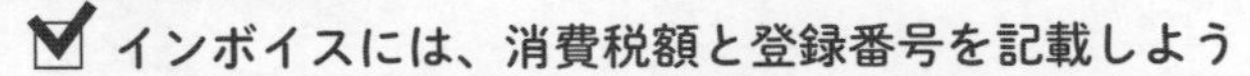

まとめ

- ☑ インボイスには、消費税額と登録番号を記載しよう
- ☑ 記載事項を省略した適格簡易請求書や仕入側が発行した仕入明細書でも OK
- ☑ 端数処理は一請求書につき、合計欄で一度だけ

4 インボイス制度で消費税はどう計算するの？

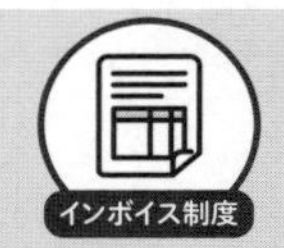

～インボイスと仕入税額控除～

インボイス（適格請求書）が発行されるようになると消費税はどのように計算されるのでしょうか。ここでは、具体的な申告方法についてみていきましょう。

インボイス制度が導入されると、請求書の書き方以外に何が変わるのでしょうか？

大きくは変わらないけど、仕入れの計算が少し変わるから、その変更点に対応できるように準備しておかないといけないですね。

■帳簿及びインボイス（適格請求書）の保存義務

仕入税額控除の適用を受けるには、これまで**帳簿と請求書、領収書の両方**を仕入の税額の証明として取っておかなければならないものとされていました。

インボイス制度が導入されてからも同様に**帳簿と記載事項が充足されているインボイスを保存**しなければなりません。そのため、インボイスの記載事項を満たさない請求書等を受け取った場合には、**要件に合う請求書等を発行してくれるようお願い**しなければなりません。なお、帳簿の記載事項は、これまでと同じです。

これらは**概ね７年間保存**しないといけませんが、５年を超えてからはどちらか一方だけの保存で大丈夫です。

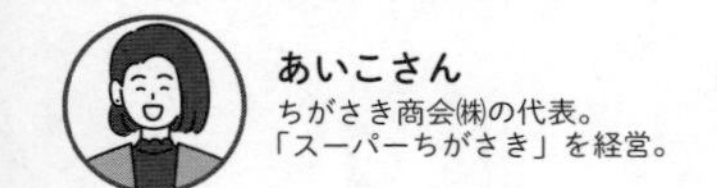
あいこさん
ちがさき商会㈱の代表。
「スーパーちがさき」を経営。

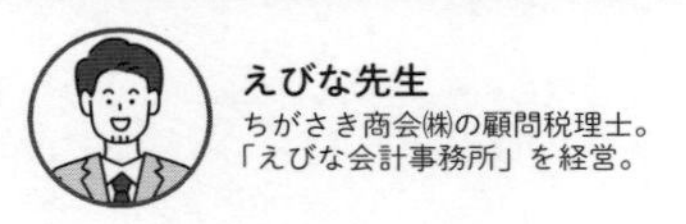
えびな先生
ちがさき商会㈱の顧問税理士。
「えびな会計事務所」を経営。

帳簿の記載例

総勘定元帳（仕入）					（税込経理）
XX年 月	日	摘要		税区分	借方（円）
11	30	△△商事㈱	11月分　日用品	10%	88,000
11	30	△△商事㈱	11月分　食料品	8%	43,200
②		①	③		④

①課税仕入れの相手方の氏名又は名称

②課税仕入れを行った年月日

③課税仕入れに係る資産又は役務の内容
（軽減対象資産の譲渡等に係るものである旨）

④課税仕入れに係る支払対価の額

（出典：国税庁「消費税軽減税率制度の手引き」令和3年8月版）

インボイスがないと、相手が課税事業者かどうか関係なく仕入の控除ができないということですよね……。
免税事業者からはインボイスがもらえないから、**急に税額が増えてしまう可能性**もありますよね？

その可能性は高いですね。でも、これは大きな変更ですし、契約内容を急に変えることも難しいですから、制度が始まってから数年はインボイスがない仕入も一部だけ控除を認める**経過措置**というものが設けられているんですよ。

■インボイス制度導入後の経過措置

仕入税額控除の適用には、インボイスの保存が要件となりますが、下記の図のように、**制度導入後６年間**は、適格請求書発行事業者ではない事業者からの仕入れのうち、**一定割合までは控除ができる**ものとしています。

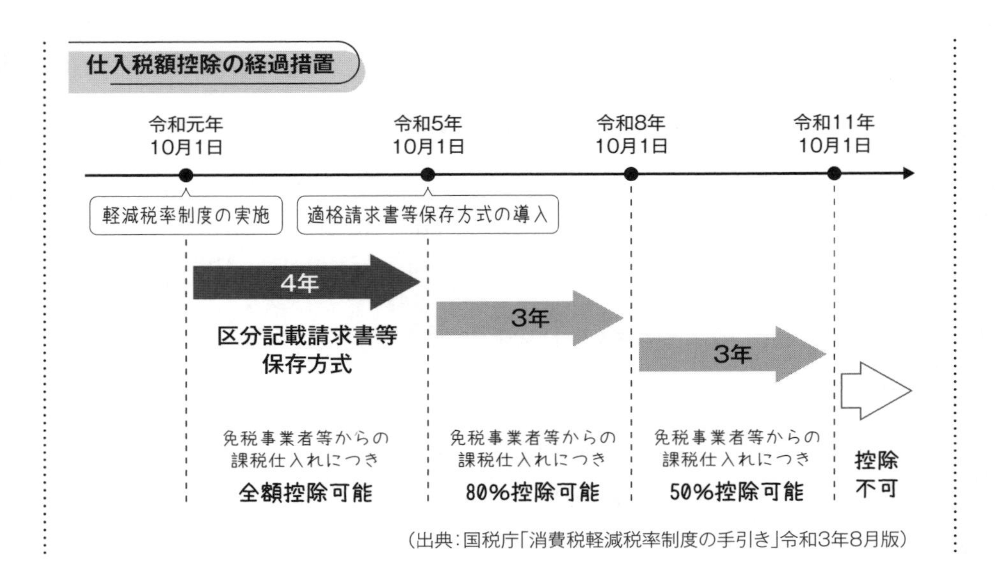

なお、それぞれの控除率は、取引日で判断されるため、これらを適用する取引については帳簿内で**インボイスがある課税仕入れとは異なる分類であることがわかるように記載**しておく必要があります。

また、インボイスはなくても**区分記載請求書等保存方式**（P.68 参照）**の記載事項を満たした請求書等を保存**しておかなければなりません。

なるほど。これだとインボイスがなくても、しばらくは**控除できる金額は20%しか変わらない**から、影響は少なくなりそうですね。

帳簿の記載に関しては、分類項目が増えてしまいますが、会計ソフトのベンダーさんの方で分類できるようにしてくれますよ。

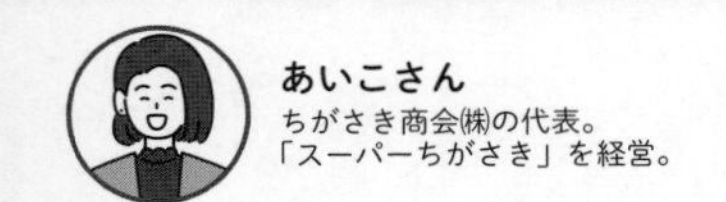
あいこさん
ちがさき商会㈱の代表。
「スーパーちがさき」を経営。

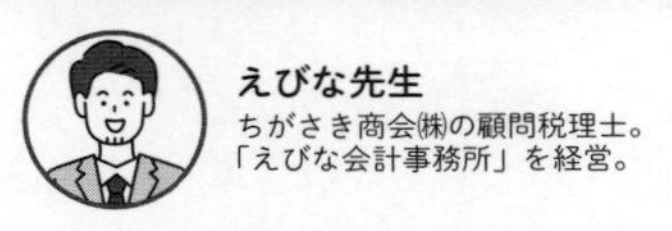
えびな先生
ちがさき商会㈱の顧問税理士。
「えびな会計事務所」を経営。

＼ワンポイント解説／

【課税仕入れとは？】

取引のうち、消費税が課税されている仕入れを指します。さまざまな仕入れの中で何に対して消費税が課税されているかは法律によって決まっていますが、経費のなかでも消費税のかからないものもあります。たとえば、お給料の支払とか、健康保険料、慶弔費の支払いなどです。これらはもともと、仕入税額控除の計算対象から除かれていて、それ以外のもともと消費税がかかっている取引を課税仕入れといいます。

インボイスの有無や免税事業者かどうかとは関係ないので注意！

■インボイスの保存がなくてもいい場合

ところで、私たちが普段行っている取引の中には、そもそも領収書等の書面を一切交わさないで行われるものもあります。たとえば、次のようなものです。

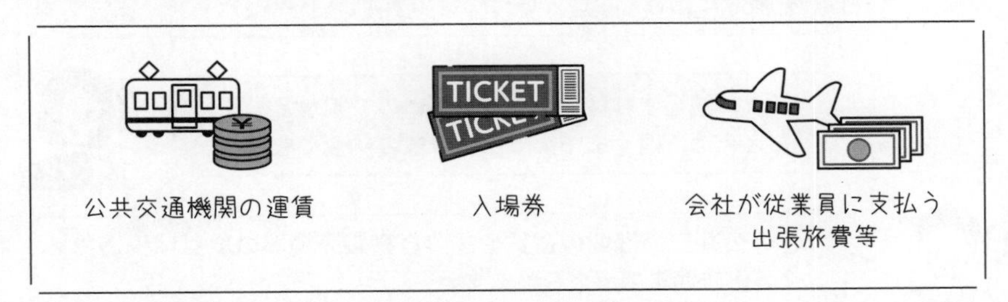
TICKET
公共交通機関の運賃
入場券
会社が従業員に支払う
出張旅費等

また、古本屋など**消費者から商品を買い取る業態**の事業についても、相手から請求書をもらうことはありません。こうした、一部の取引に限り、**インボイスがなくても100%の仕入税額控除が認められています**。具体的には、以下の取引です。

インボイスの保存がなくても仕入税額控除が認められる取引

① 公共交通機関等の運賃（税込3万円未満）
② 自動販売機やコインロッカーなどの料金（税込3万円未満）
③ ポストに差し出された手紙などの郵送料
④ 入場券等で使用の際に回収されるもの
⑤ 古物営業、質屋又は宅地建物取引業を営む事業者が一般消費者などインボイスの発行事業者でない者から古物や質物、建物を購入する取引
⑥ インボイスの発行事業者でない者から再生資源又は再生部品を購入する取引
⑦ 従業員等に支給する通常必要と認められる出張旅費、宿泊費、日当、通勤手当等

これらの取引は、もともと売手側にインボイスの発行義務がないから、買手側もなくてもいいということなんです。
ただし、その取引がこの**インボイスの例外取引に該当することを帳簿に記載**しないといけないですよ。

これに該当すればいくらでもいいのですか？
たとえば、遠くまで乗った新幹線の料金でも？？

①の公共交通機関の運賃や②の自動販売機等の取引は**税込で3万円未満まで**認められます。

■中小事業者等に対する事務負担の軽減措置

これとは別に、中小事業者等に対する事務負担を軽減する観点から、**令和5年10月1日から令和11年9月30日まで**の間に国内において行う**税込1万円未満の課税仕入れ**については、帳簿のみの保存で仕入税額控除が認められる経過措置が設けられています。以下のいずれかの要件を満たす事業者が対象です。

- 基準期間における課税売上高が1億円以下の事業者
- 特定期間における課税売上高が5,000万円以下である事業者

＼ワンポイント解説／

【基準期間と特定期間とは？】

消費税の納税義務の判定については、通常基準期間（前々年又は前々事業年度）で判定しますが、これとは別にその課税期間の前課税期間の半年を基準として納税義務を判定するケースがあります。この前課税期間の半年の期間を「特定期間」といいます。

基準期間：法人の場合は、原則として、前々事業年度、個人の場合は前々年

特定期間：法人の場合は、原則として、前事業年度開始日から６ヵ月間、個人の場合は前年１月から６月まで

※この判定における特定期間の判定では、納税義務の判定と異なり給与支給額を代用できません。

細かい取引については、インボイスがいらないということですね。

そうなんです。これだと、たとえば銀行の振込手数料やクレジットカード決済のサブスク料金などは、わざわざインボイスをダウンロードして取っておかなくても問題ないということなんです。

わー、助かります～！すべてのインボイスが必要って言われても、カード決済の分まで全部揃えられるか不安だったんです。

まさに、あいこさんのような意見もあって、規模の小さな事業者にはこうした経過措置が設けられているのです。
ですが、あくまで令和５年10月１日から令和11年９月30日までの取引についての経過措置ですから、この期間のうちに、すべてのインボイスを整理して保管するための方法を準備しておく必要はありますからね。

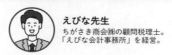

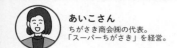

■家賃の支払いやEDI（イーディーアイ）、まだまだある請求書のない取引

家賃の支払いなど契約書ベースで行うものや、EDIという専用端末で、売手と買手が直接データでやり取りする取引もあります。

この場合には、別途請求書をもらわなくても、これらの**契約書やデータ**と、インボイスの６つの記載事項のうち**不足部分の記載がある書類**（売手から発行してもらったもの）を保存しておくことでインボイスの保存要件を満たします。

＼ワンポイント解説／

【EDIとは？】

Electronic（エレクトロニック） Data（データ） Interchange（インターチェンジ）の略称で、日本語では「電子データ交換」といわれます。企業間の取引に関する文書を通信回線を通じてやり取りする仕組みのことをいいます。

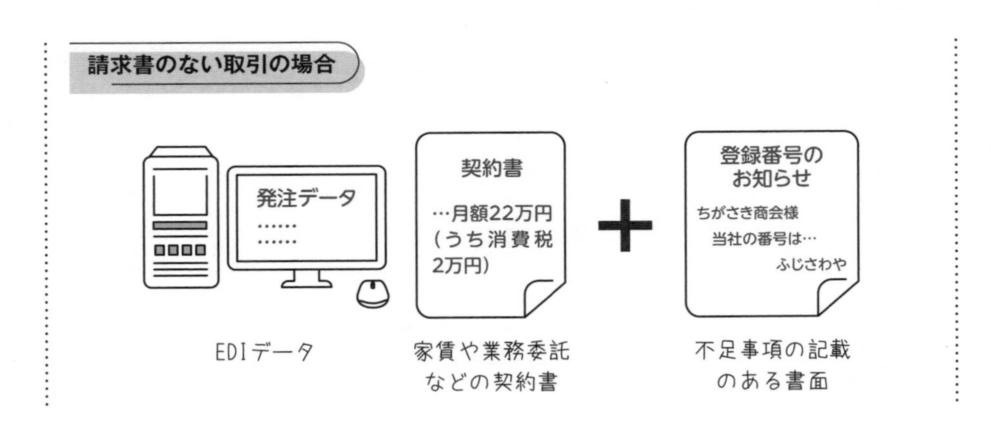

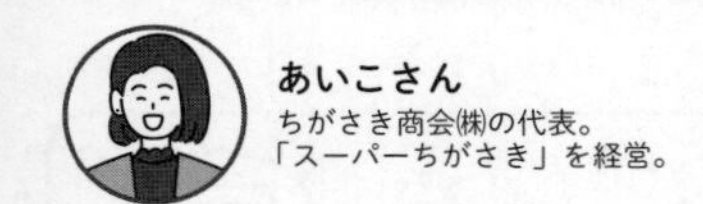
あいこさん
ちがさき商会㈱の代表。
「スーパーちがさき」を経営。

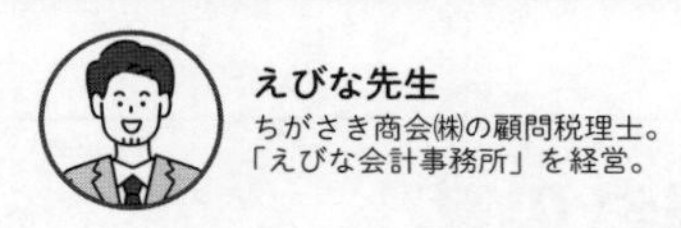
えびな先生
ちがさき商会㈱の顧問税理士。
「えびな会計事務所」を経営。

家賃などは大家さんと相談して、もう一度契約を結びなおす必要があるかも検討しなければならないですね。

そうですね。不足事項を記載してもらって、正しく取り扱えるように、大家さんとさっそく相談してみますね。

まとめ

- ☑ 帳簿とインボイスの保存が仕入税額控除の要件
- ☑ インボイスがない取引も６年間だけ一定割合控除 OK
- ☑ インボイスがなくてもいい取引やインボイスの例外をおさえよう

5 免税事業者の私、事業者登録をするべき？

～適格請求書発行事業者の義務～

免税事業者がインボイス（適格請求書）の発行を行うには課税事業者にならなくてはいけません。そのメリット、デメリットをみてみましょう。

先生、うちの取引先のふじさわ屋さんに聞いてみたら、あちらは免税事業者でした。

なるほど、それだとインボイスがもらえないから、**ちがさき商会の税金が増えてしまいます**ね。

ふじさわ屋さんにインボイスの事業者の登録をする予定はある？って聞いたら、まだわからないからメリットがあったらって。免税事業者の人にメリットはあるんですか？

税金の支払いがあるという面で言えばマイナスだけど、業種によっては必要なケースもあると思いますよ。

■すべての課税事業者が適格請求書発行事業者ではない

２で確認したように、適格請求書発行事業者は**登録制**ですから、**消費税の納税を行う課税事業者のすべてが適格請求書発行事業者というわけではありません**。あえて登録制にしているのは、インボイスを発行する必要がない事業者もいるからなんです。では、インボイスがいらない事業者とはどんな事業者でしょうか。考えてみましょう。

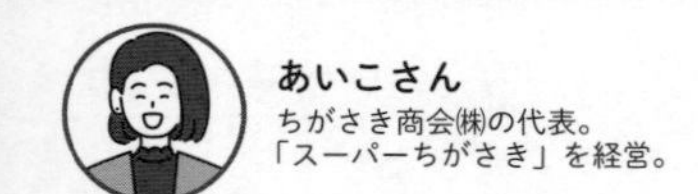

あいこさん
ちがさき商会㈱の代表。
「スーパーちがさき」を経営。

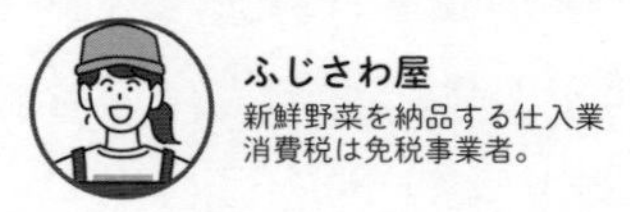

ふじさわ屋
新鮮野菜を納品する仕入業
消費税は免税事業者。

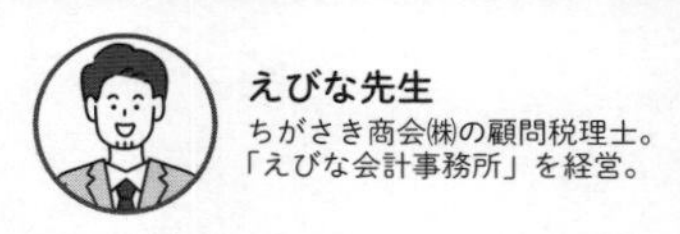

えびな先生
ちがさき商会㈱の顧問税理士。
「えびな会計事務所」を経営。

あいこさんは、髪を切るのに美容院にいきませんか？
あるいは、ネイルサロンとか……

美容院……笑
ヘアサロンですね。ネイルサロンも行きますよ！

そ、そうですか……
ああいうお店の支払いが経費になる人って、なかなかいないと思いませんか？

そうですね。芸能人の方ならわかるけど、私たちみたいな普通のお店の人で**経費になるような人いない**ですよね。
あ、そうか。**お客さんがインボイスいらない人**なら、登録しなくてもいいのですね。

■インボイスが必要なのは事業者向けの取引だけ

インボイスの目的は「**売手と買手がやりとりした消費税額をお互いが正確に把握するため**」です。すなわち、次ページのようにインボイスをもらわないといけないのは、買手が消費税の計算上、**仕入税額控除を受ける場合だけ**です。

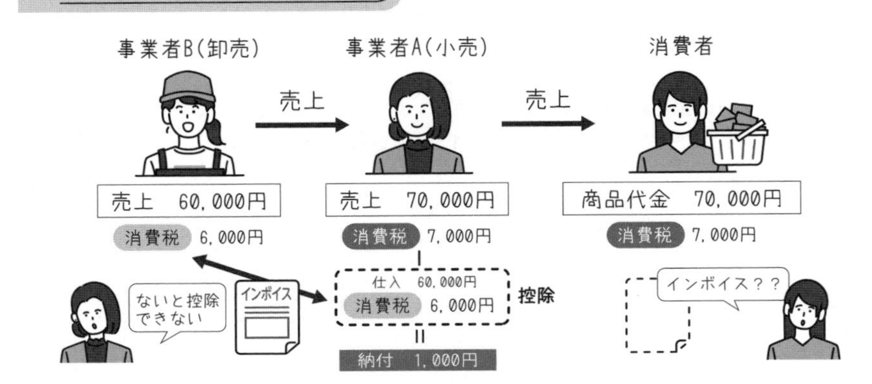

そうか！うちはふじさわ屋さんからインボイスがもらえないと仕入税額控除が取れないですが、うちの**お客さんは消費者**だから、うちがインボイス発行できなくても問題ないんですね！

そういうことです。つまり、**お客さんがインボイスをもらう必要のない消費者だけ**だったら、あえて登録事業者に登録する必要はないし、免税事業者であれば、課税事業者になることがマストな登録事業者になって消費税を納税する必要もないわけです。

え？それじゃあ、うちもなる必要ないですか？

あいこさんの会社は卸売もやっているし、消費者だけじゃないじゃないですか。そもそも、もとから課税事業者なんだし、登録しないとダメですよ！

そっか。それもそうですね笑

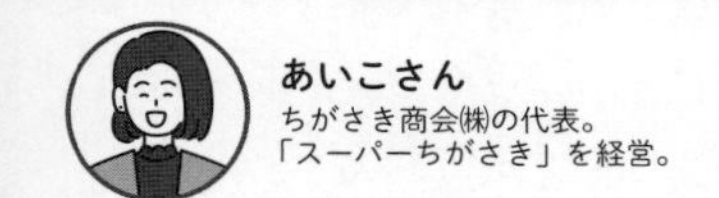

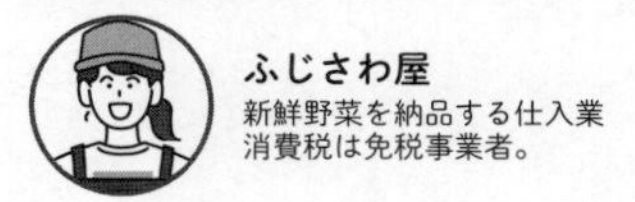

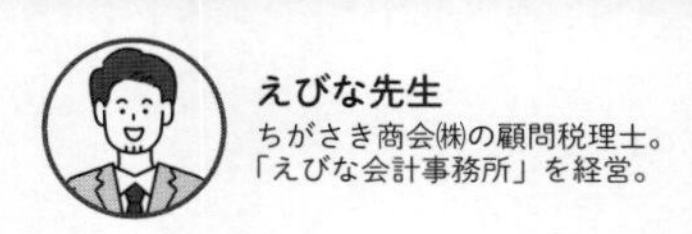

■適格請求書発行事業者の義務

それでは、適格請求書発行事業者になったらどういう義務があるのでしょうか。実はインボイスの発行以外にもいくつか義務があるのです。次の**4つの義務**をみていきましょう。

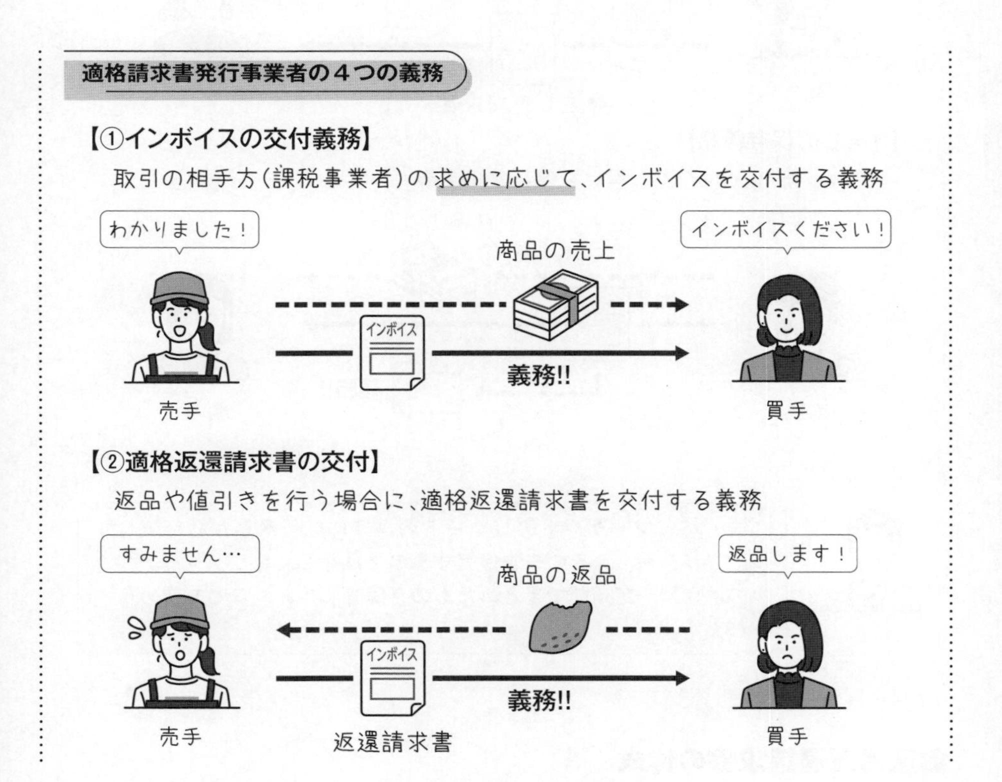

なお、適格返還請求書はその返品や値引きに係る**税込価額が1万円未満**である場合には、交付義務は免除されます。

【③修正した適格請求書の交付義務】

交付したインボイスに誤りがあった場合に、修正したインボイスを交付する義務

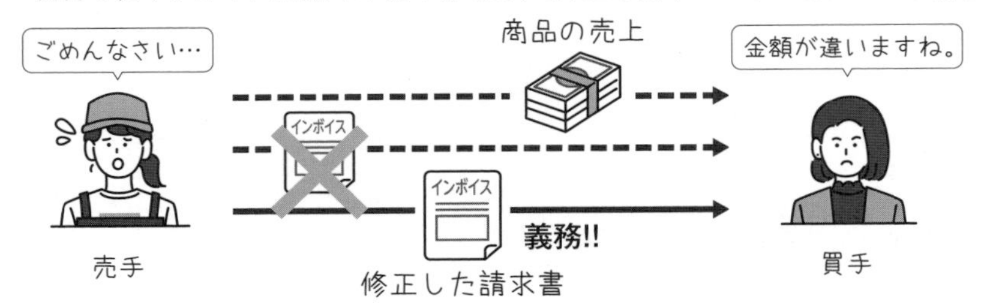

【④写しの保存義務】

交付したインボイスの写しを保存する義務

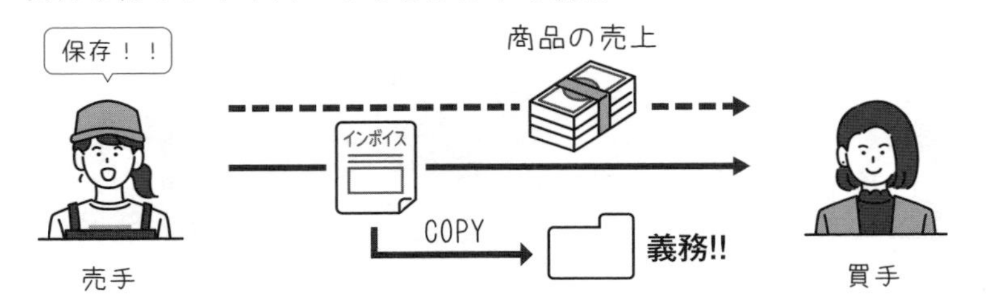

スーパーマーケットのレシートのように取引数量が多い場合は、レシートをそのまま保管するのではなく、レジジャーナルのように**一定期間でまとめたもの**を保管しておくことも認められます。

■適格返還請求書の作成

適格返還請求書は、**返品や値引きを行った際に発行するインボイス**です。

適格返還請求書は、基本的にはインボイスの記載内容と同様ですが、返品等を行った日付だけでなく、**その返品等に係る売上年月日**も記載しなければなりません。また、一枚の請求書に一緒に記載することもできます。**継続適用を要件に、**金額を相殺することも認められます。

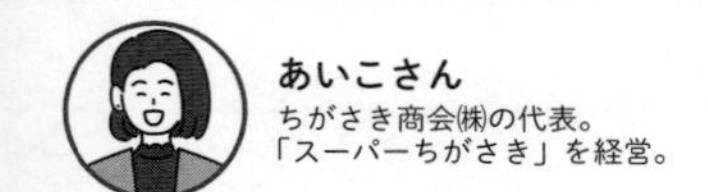
あいこさん
ちがさき商会㈱の代表。
「スーパーちがさき」を経営。

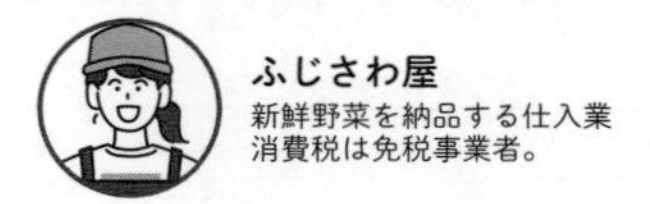
ふじさわ屋
新鮮野菜を納品する仕入業
消費税は免税事業者。

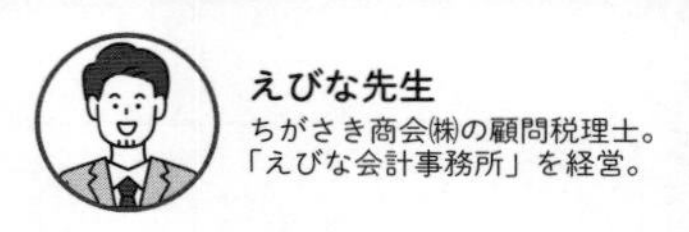
えびな先生
ちがさき商会㈱の顧問税理士。
「えびな会計事務所」を経営。

適格返還請求書

請求書

㈱○○御中　　XX 年 12 月 15 日

11 月分　98,300 円（税込）
（11/1～11/30）

日付	品名	金額
11/1	ｵﾚﾝｼﾞｼﾞｭｰｽ　※	5,400 円
11/1	ビール	11,000 円
11/2	ﾘﾝｺﾞｼﾞｭｰｽ　※	2,160 円
：	：	：
合計	109,200 円（消費税 9,200 円）	
販売奨励金		
10/12	ﾘﾝｺﾞｼﾞｭｰｽ　※	1,080 円
：	：	：
合計	10,900 円（消費税 900 円）	
請求金額	98,300 円（消費税 8,300 円）	
10%対象	60,500 円（消費税 5,500 円）	
８%対象	37,800 円（消費税 2,800 円）	

※は軽減税率対象商品

△△商事㈱
登録番号 T1234567890123

インボイス部分
返還請求書部分
継続適用で相殺OK

（出典：国税庁「消費税の仕入税額控除制度における適格請求書等保存方式に関するQ&A」（令和4年4月）問51　一部筆者加筆）

適格返還請求書は、税込１万円以上の取引から対象になるので、売上代金が振込手数料を相殺して振り込まれた場合など、少額な値引き等は作成する必要がありませんよ。

わー、よかったです！うちは掛売りが多いので、時々振込手数料を差し引いて振り込みしてくるお客さまがいらっしゃるので、どうしようかと思っていたんです。安心しました。

まとめ

- 消費者が顧客の業態では必ずしも適格請求書発行事業者になる必要はない
- 適格請求書発行事業者には４つの義務がある
- 返品や金額修正した場合もインボイスを発行する義務がある

6 取引先との契約をどうしよう？

～契約上の注意点～

免税事業者との取引は仕入税額控除が受けられないため、買手側に不利益が生じます。では、契約上、何を注意したらよいでしょうか。

ふじさわ屋さんは、取引先がうちのような事業者が多いみたいなので、事業者登録をしようかなって言ってます。
ふじさわ屋さんに、**うちと取引するなら課税事業者になって**ってお願いしてもいいものなんでしょうか？

課税事業者になるようにお願いすることは構わないんですが、「なってくれないなら契約できません」とは言えないんですよ……

難しいですね……
言い方によって、良い悪いがあるんですか？

■買手側は独占禁止法や下請法の影響も考慮

免税事業者に該当する事業者は、**規模が小さい事業者**です。売上が基準ですからね。買手側が課税事業者であるときは、はじめから**情報量や交渉力に格差**があるのです。そのため、インボイス制度導入決定前は、大手企業の取引相手から免税事業者が除かれることが懸念されました。

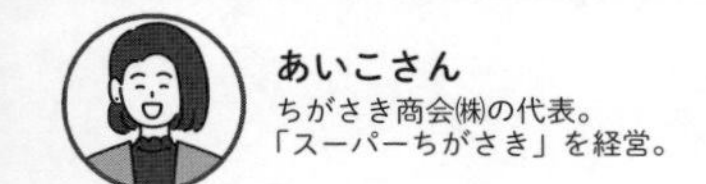

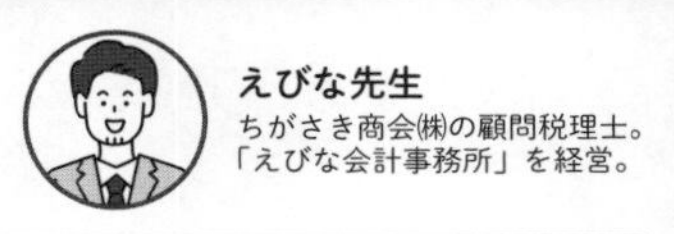

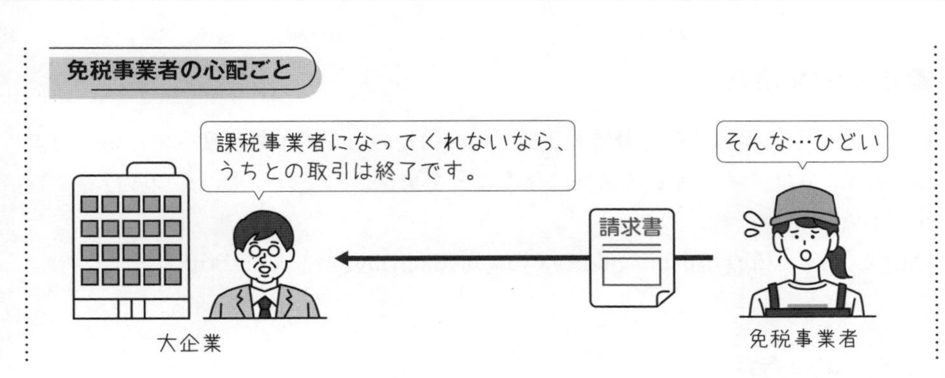

免税事業者の心配ごと
課税事業者になってくれないなら、
うちとの取引は終了です。
そんな…ひどい
請求書
大企業
免税事業者

しかし、独占禁止法では、こうした「自己の取引上の地位が相手方に優越している一方の当事者が、取引の相手方に対し、その地位を利用して、正常な商慣習に照らし不当に不利益を与える行為」を**優越的地位の濫用**として、禁止行為としています。**下請法**や建設業法においても同様の取扱いがあります。

契約内容の見直しを行うこと自体がすぐに違法となるわけじゃないんですよ。でも、その結果が**一方的に**売手側に不利益となるようなことはまずいということなんですね。

うーん、難しいですね。
具体的にどういうことをしたらいけないのでしょうか？

独占禁止法を監督する公正取引委員会が国税庁の上位機関である財務省や経済産業省などと連名で出した**「免税事業者及びその取引先のインボイス制度への対応に関する Q&A」**という文書では、次の６つの行為を禁止行為としているんですよ。

■6つの禁止行為

公正取引委員会の「**免税事業者及びその取引先のインボイス制度への対応に関する Q&A**」では、**インボイス制度になることを契機として**行う次の6つの行為を禁止行為としています。

(https://www.jftc.go.jp/dk/guideline/unyoukijun/invoice_qanda.html)

6つの禁止行為

【①取引対価の引下げ】

再契約が形式的なものにすぎず、免税事業者にとって負担した消費税額が払えないほどの著しく低い価格を設定している場合

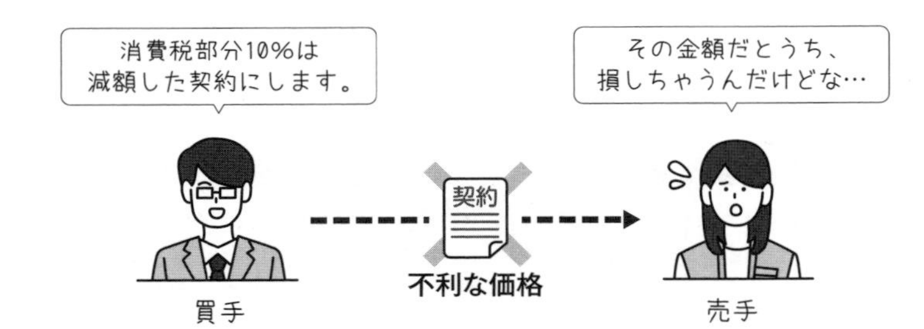

【②商品・役務の成果物の受領拒否、返品】

すでに行っている契約において、売手側が免税事業者であることを理由に納品を拒否する場合

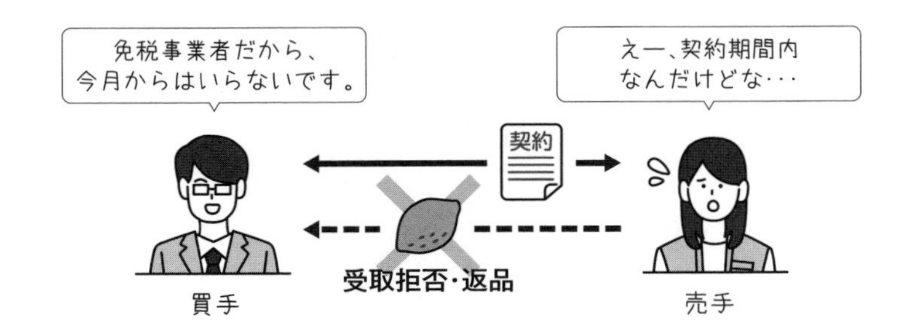

【③協賛金等の負担の要請等】

取引価格は据え置くが、別途、協賛金や販売促進費等の不合理な金銭を要求した場合

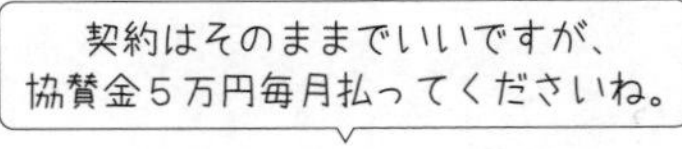

契約はそのままでいいですが、
協賛金５万円毎月払ってくださいね。

協賛金ってなんの目的？
税金の穴埋めじゃないのかな？？

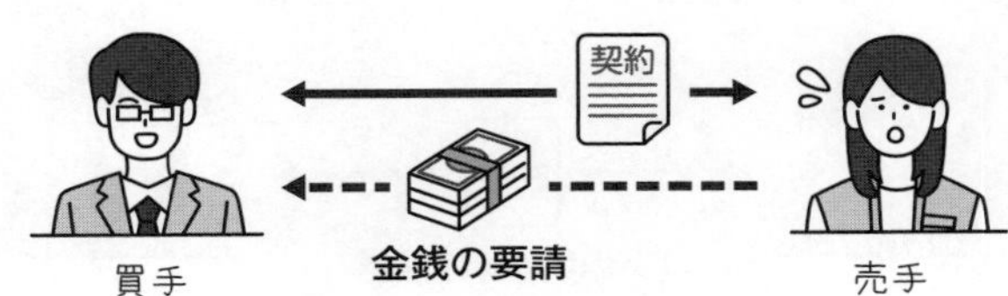

【④購入・利用強制】

取引価格は据え置くが、別途、関係のない商品やサービスの購入を要請する場合

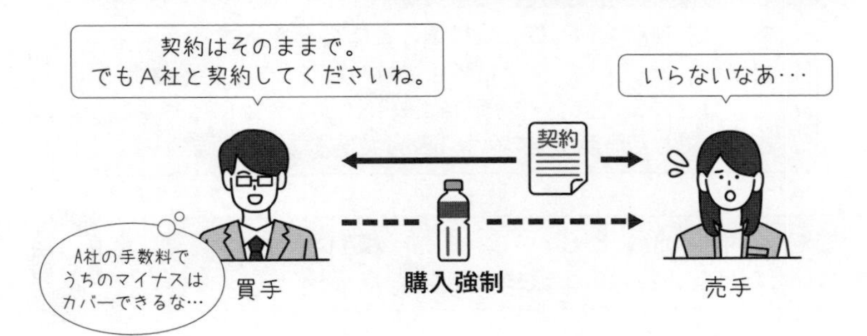

【⑤取引の停止】

不当に不利益な契約を一方的に押し付け、これに応じない場合には取引を停止するとした場合

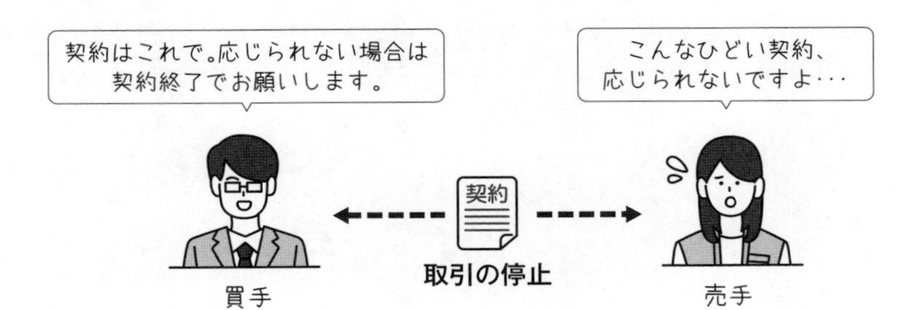

契約はこれで。応じられない場合は
契約終了でお願いします。
こんなひどい契約、
応じられないですよ･･･
契約
買手
取引の停止
売手

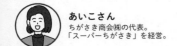

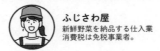

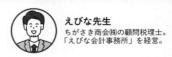

【⑥登録事業者となるような慫慂(しょうよう)等】

課税事業者にならなければ、取引価格を下げることや取引の打ち切りを一方的に通告する場合

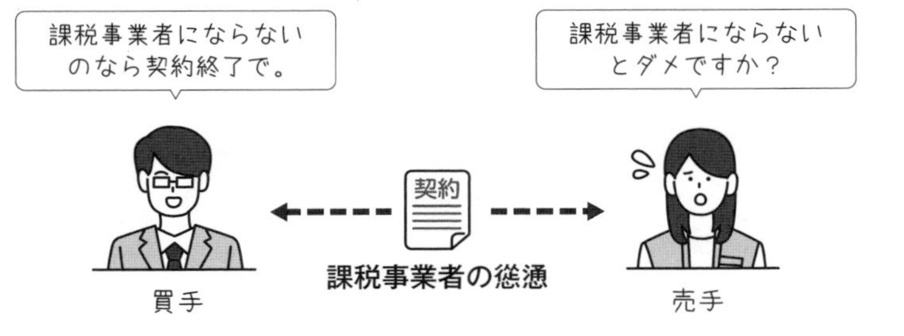

課税事業者にならないのなら契約終了で。
課税事業者にならないとダメですか？
契約
課税事業者の慫慂
買手
売手

どれも直ちに法令違反になるわけではなく、あくまで**買手が一方的に有利な契約を押し付けること**になる場合です。
だから、たとえば、売手は買手の求めに応じて、課税事業者になるけど、その代わり、買手は取引数量を大幅に増やすとか、あくまでお互いがフェアになる交渉であることが重要なんです。

法律の変更は、相手のせいじゃないし、商売は**お互いがフェアに**やらないといけないということですね！

■買手側は消費税含めた原価管理をすること

ところで、ちがさき商会の取引先は、ふじさわ屋以外にも小規模な取引先はいます。こういった小規模な免税事業者との取引では、ちがさき商会の利益が減ってしまうことになるのでしょうか。

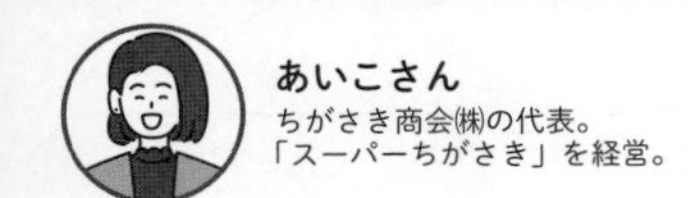

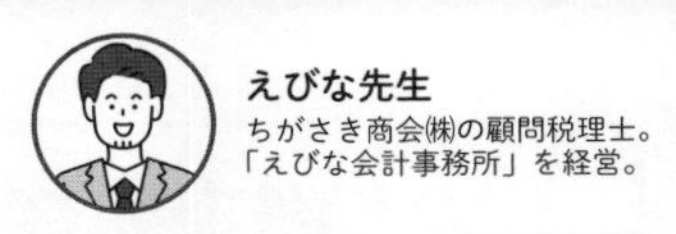

インボイスあり、なしでどう違うか

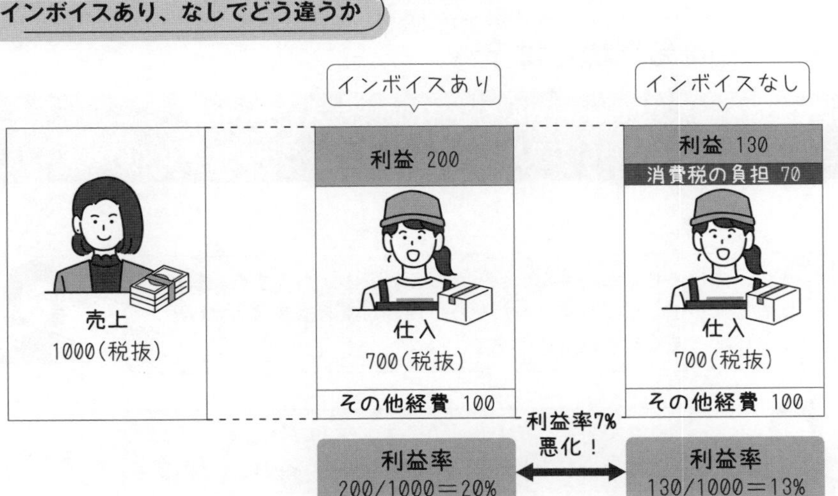

大変！利益が７％も減ってしまうんですね！！

仕入業者だけでなく、タクシーや消耗品の購入などのその他の経費も同じことが起きるから、利益が**もっと少なくなってしまう**可能性もあるんです。
だから、インボイス制度では、場合によっては消費税部分を**原価計算に反映**させて、再度、**商品の値付けを考え直す**必要があるかもしれませんね。

まとめ

- ☑ 免税事業者とのインボイス制度を契機とした再契約は、買手に一方的有利な契約にならないように注意しよう
- ☑ インボイス次第で利益率が変わる。契約内容だけでなく商品の値付けを再度考えよう

7 経理処理が難しい？それなら、簡易課税という選択肢も

～簡易課税とは？～

免税事業者だったふじさわ屋さんも登録をしようとしています。
でも、具体的にどれぐらいの業務量になるんだろうと不安に思っています。

先生、先日ふじさわ屋さんに会ったら、もともともうすぐ課税事業者になってしまう予定だったから、前倒しで適格請求書発行事業者になってくれるみたいです！

そうですか、それはよかったですね。
これでふじさわ屋さんもインボイスを発行できますね。

でも、ふじさわ屋さん、従業員もいないし、一人で書類の管理ができるかなって。インボイスって考えること多いですよね・・・

それなら、売上の消費税だけで計算できる「簡易課税」という簡単な方法もあるので、それを勧めてみたらどうでしょう？

■簡易課税ならインボイスの保存義務は不要

消費税の計算は、本来、売手と買手がお互いにやり取りした税額を申告に反映させることで、消費者が負担した消費税額と各事業者が納税した納税額との均衡が保たれる制度でした（詳しくは、P.53 の図を参照）。

でも、これには昔から**証明できる請求書等の保存**が要件とされていたし、会計ソフトなどを使って、**仕入れの税金を集計できないと計算できません**。そこで、消費税導入時から、手計算で申告する人向けに、実際の仕入れの請求書の金額は使わず、売上げの税金の一定割合を仕入れの税金とする「**簡易課税**」という方法が認められています。

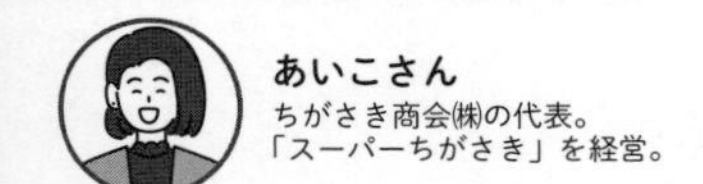

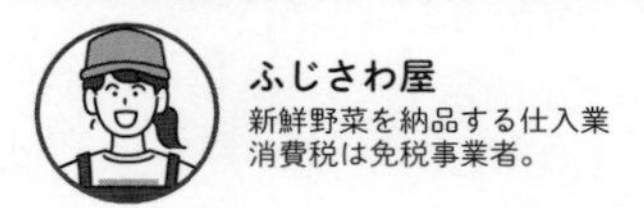

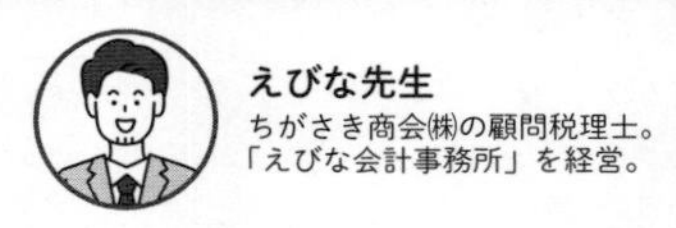

簡易課税に使う割合は、業種によって決まっていて、その売上がどの業種に該当するのかさえわかれば、売上の税金だけで納税額が計算できるので、便利ですよ。

■簡易課税は売上の業種により控除率が決まる

簡易課税の計算に利用する割合を「**みなし仕入率**」といいますが、みなし仕入率は原則的には次ページの**業種分類**ごとの率を用います。

業種別みなし仕入率

	業　種	みなし仕入率
第一種事業	卸売業	90%
第二種事業	小売業	80%
第三種事業	製造業・建設業	70%
第四種事業	その他の事業（飲食店業を含む）	60%
第五種事業	サービス業（飲食店業を除く）	50%
第六種事業	不動産業	40%

ここでいう業種は、会社の登記簿に載っているような業種ではなくて、**売上ごとに上の表のどこに該当するのか**当てはめていく感じなんです。

それじゃあ、うちはスーパーなので一般的には小売業だけど、売上自体はスーパーの売上と飲食店への卸売上があるから、スーパーの売上は第二種の80%、卸売上は第一種の90%で計算すればいいということですか？

そうなりますね。たまに仕入の際に生じたダンボールを回収業者に売却することもありますけど、あれは簡易課税にするなら第四種の「その他の事業」ですね。

■簡易課税を使えばインボイスは必要ない

簡易課税の計算には、**売上の消費税しか使わないため、インボイスの保存は要件ではありません**。そのため、もらったインボイスが記載要件を満たしたインボイスであるかの確認もいらないし、相手が免税事業者かどうかも気にする必要はありません。インボイスの保存すらいりませんから、インボイスの管理が難しい人でも導入しやすいといえます。ですが、これを使うには要件があります。

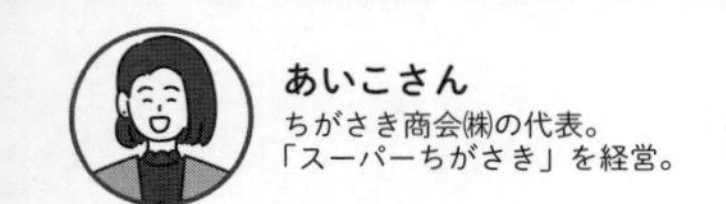

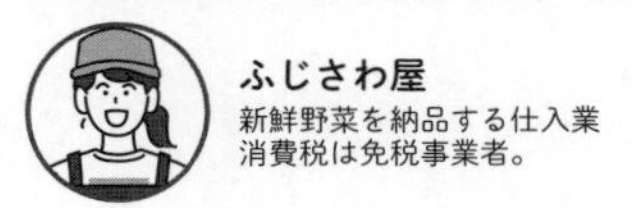

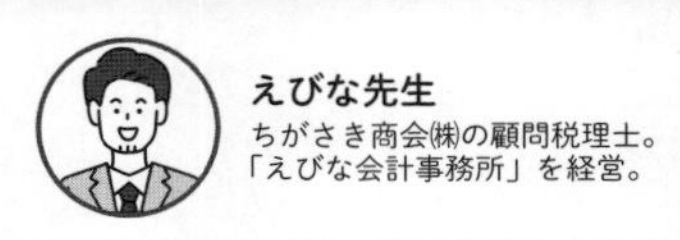

実は、簡易課税には要件がひとつだけあって、**基準期間（2期前）の課税売上高が5,000万円以下**じゃないと適用できないんです。**課税事業者の判定**のところでも出てきましたよね。

金額の基準が違うんですね。うちは使えなそうだな……

■簡易課税にする？しない？どちらの方がいいのか問題

いろいろメリット満載の簡易課税ですが、5,000万円以下の売上要件を満たした場合でも、必ずしも簡易課税がいいというわけではありません。なぜなら、**両者で計算される納税額は異なる**ので、場合によっては**多めに税金を払う**ことになってしまうのです。

P.95の図でそれぞれの納税額は、原則的な計算では170、簡易課税では100となります。このケースだと簡易課税は70有利ですね。

このように、簡易課税が有利になるか不利になるかはその年の売上と仕入のバランスによりますが、簡易課税は**事前に「簡易課税制度選択届出書」**という書類の提出が必要なので、前もってどちらにするのかを決めなければなりません。
具体的には以下のとおりです。

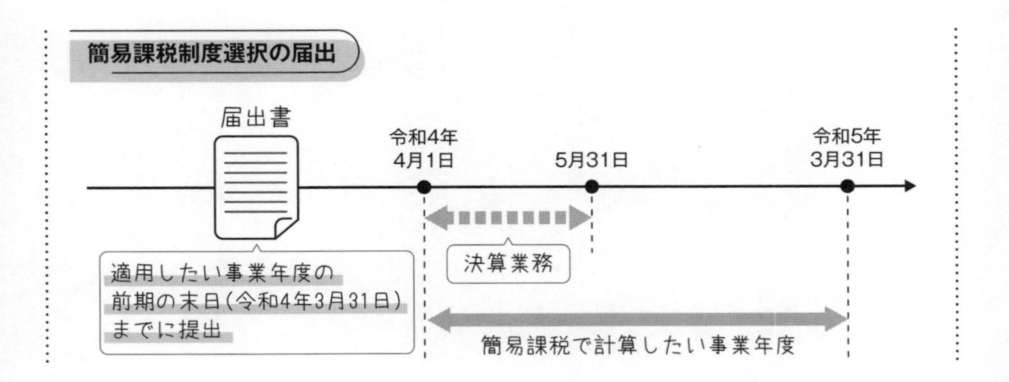

どちらの方法を選ぶかは、前年の決算業務に入るよりもずっと前に決めなければならないから、シミュレーションが必要なんです。利用をやめる際も同様に、前もって書類を出す必要がありますよ。

なるほど、判断が難しいですね。

ただし、**令和５年10月１日のインボイス制度の開始時の事業年度は**、簡易課税の届出書を出した事業年度ですぐに適用をうけることができる特例がありますから、ふじさわ屋さんに勧めるときはゆっくり考えるようにアドバイスしてあげてくださいね。

■インボイス導入前後で有利不利が変わることもある

最後に気を付けたいのが、**インボイス次第で有利不利が変わることがある**、という話です。たとえば、一人親方やエンジニアなど、小規模なフリーランスに仕事をお願いしていた場合、これらの人からインボイスをもらえないと、原則の方法での**仕入税額が大幅に減少する**ことも考えられます。そうなると、簡易課税がよかった！となることがあるので注意が必要です。

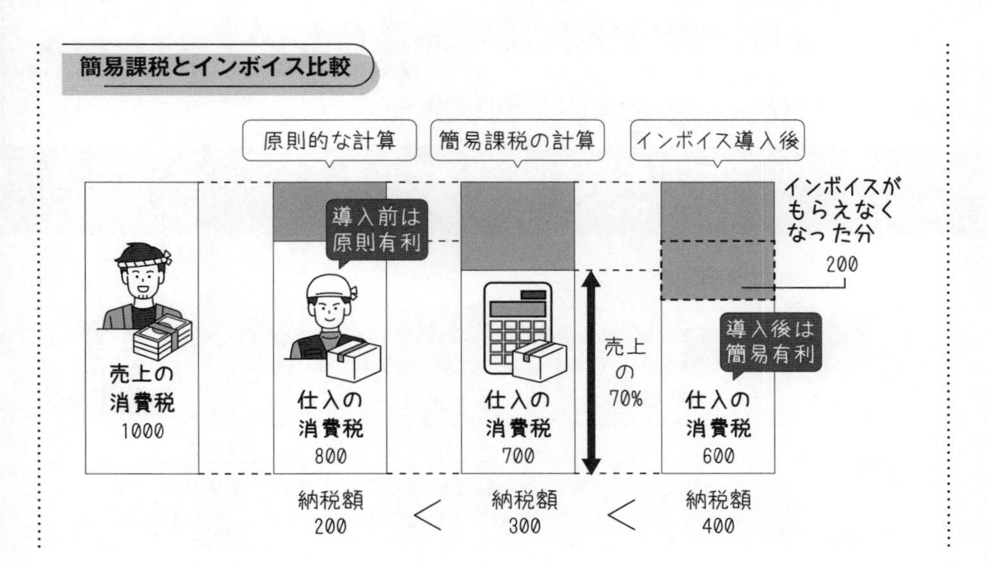

まとめ

- 簡易課税は売上の消費税から割合計算だけで仕入税額を計算する方法
- 簡易課税を使うかはシミュレーションが必要
- インボイス導入で有利不利が変わることも

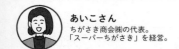

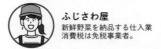

8 免税事業者なら3年間の特例計算があるらしい？！

～仕入税額控除の２割特例～

簡易課税でも少し複雑な計算になるふじさわ屋さん。
申告に慣れるまで時間がかかりそうです。

えびな先生、ふじさわ屋さんに簡易課税のお話もしてみたのですが、彼女、別の仕事も少ししているみたいで、計算が少し複雑になりそうだと悩んでいました。

なるほど～。計算はそんなに難しくないですが、業種がいくつかあると、売上を業種で分けて計算しますから、少し複雑ですね。

なにか、いい方法ないでしょうか？

ふじさわ屋さんはこれから課税事業者になりますから、特例の計算も使えますね。その方が簡単ですから、その方法も見てみましょう。

■簡易課税でも計算が複雑になることも…

簡易課税は、**業種ごとに売上を分類して計算**しなければいけませんから、いろいろな仕事をしている人は、少し計算が複雑になってしまいます。ふじさわ屋さんは野菜の卸売り以外にも、通信販売もしているそうです。それに、仕入れた野菜を使って、自分で製造したお惣菜の販売も始めたようですよ。さらに、産地の農家さんの情報を発信するブログも少しずつ収益化できているそうです。

ふじさわ屋さんのメインのお仕事は簡易課税でいうと、仕入れた野菜の卸売販売なので、第一種事業です。
その他の仕事は、以下のような形で分類します。

ふじさわ屋の収入ごとの業種分類（P.96 参照）

ふじさわ屋の収入	業種
スーパーちがさきなどのお店への野菜の販売	第一種事業
消費者への通信販売	第二種事業
お惣菜の製造販売	第三種事業
ブログの広告料収入	第五種事業

確かに複雑そうです……

みなし仕入率の計算は、多くの業種がある場合はそれぞれの売上にそれぞれのみなし仕入率をかけた金額の加重平均した割合で計算するので、有利不利の計算が少し複雑になるんです。

算式に当てはめるだけだから、慣れたらそんなに難しくないのかもしれないですが、わかりにくい気がします。

そうですよね。でも、実は制度開始から３年間は、ふじさわ屋さんのようにこれから課税事業者になる事業者は、簡易課税と同じ計算方法で、**すべての売上の消費税額の 80％を仕入の税額とすることができる**んです。

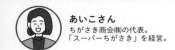

\ ワンポイント解説 /

【みなし仕入率とは？】

簡易課税の場合の仕入税額を計算するための法定の仕入率。原則的には、P.96の表の業種ごとの率となりますが、その事業者が多くの事業を営んでいる場合には、売上にそれぞれのみなし仕入率を乗じた値を用いて、加重平均（値の重みを加味して平均すること）した値を利用します。

【参考】みなし仕入率算式

$$\frac{\text{第1種事業に係る消費税額}\times 90\% + \text{第2種事業に係る消費税額}\times 80\% + \text{第3種事業に係る消費税額}\times 70\% + \text{第4種事業に係る消費税額}\times 60\% + \text{第5種事業に係る消費税額}\times 50\% + \text{第6種事業に係る消費税額}\times 40\%}{\text{第1種事業に係る消費税額} + \text{第2種事業に係る消費税額} + \text{第3種事業に係る消費税額} + \text{第4種事業に係る消費税額} + \text{第5種事業に係る消費税額} + \text{第6種事業に係る消費税額}}$$

■究極の計算方法、2割特例

免税事業者が、**令和5年10月1日から令和8年9月30日の属する各課税期間のいずれかで**、適格請求書発行事業者となることや課税事業者の選択により課税事業者となる場合には、仕入税額控除の計算を**売上の税額の一律80%で計算することができます。**

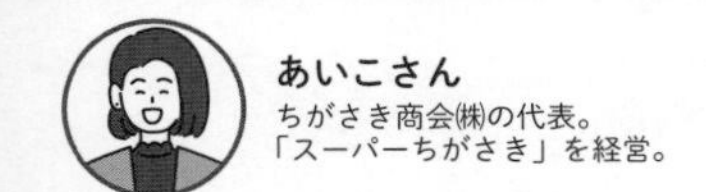

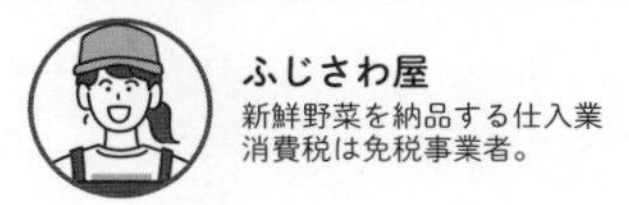

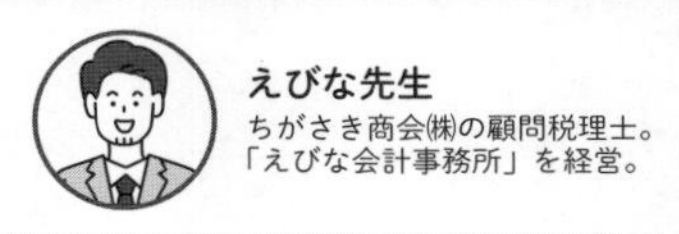

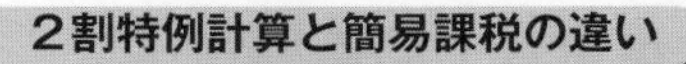

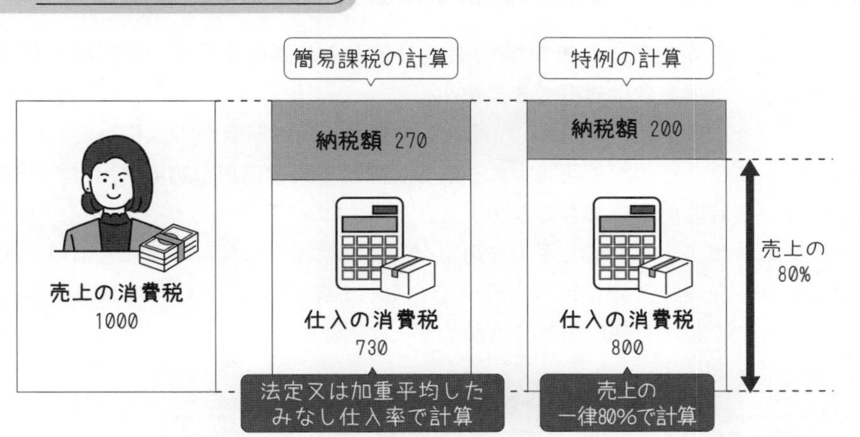

業種に関係なく 80%なんですか？

はい、業種はまったく関係ないです。ただし、適用できる事業者は、令和５年10月１日から令和８年９月30日までの間に免税事業者だった事業者が、適格請求書発行事業者として登録するために課税事業者となる事業者だけに限定されます。

【適用対象事業者】

- 令和５年10月１日から適格請求書発行事業者の登録により新たに課税事業者となる事業者（P.62のケース）
- 令和５年10月１日から令和８年９月30日までの日の属する課税期間において、課税事業者の選択により新たに課税事業者となる事業者

■令和５年 10 月１日前に課税事業者を選択している場合

なお、この２割特例は**令和５年10月１日前から、課税事業者の選択により課税事業者となった事業者は適用できません。**

ただし、その中でも令和５年10月１日の属する課税期間から課税事業者になる場合に限っては、その課税期間中に「**消費税課税事業者選択不適用届出書**」を提出し、免税事業者に戻ることもできます。

そのため、該当する事業者がこの適用を受けたい場合には、いったん前述の届出書を提出し、免税事業者に戻ったうえで、令和５年10月１日以後で事業者登録を受ければ、この特例を利用することができます。

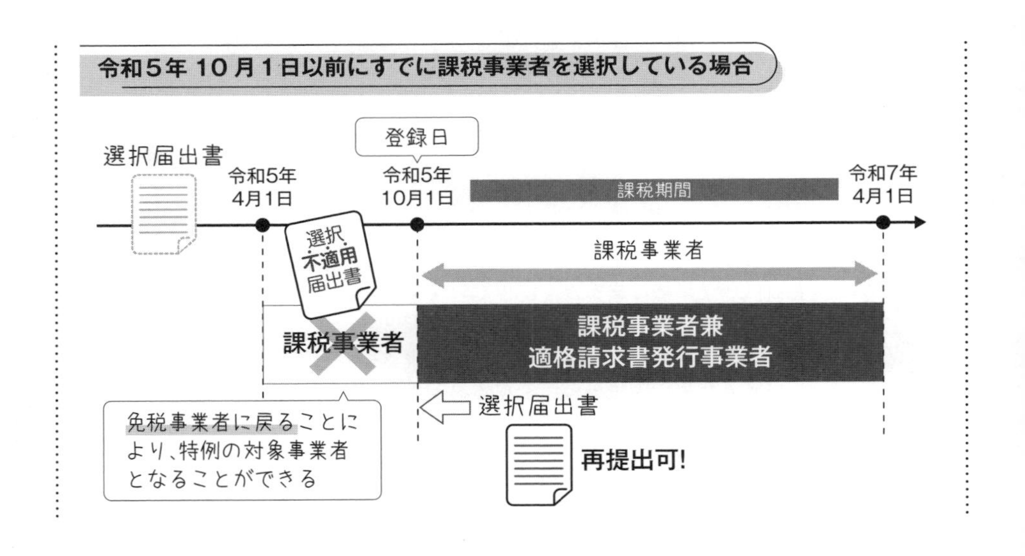

■特例適用者は初年度は３種類の計算方法を選べる

さらに、この特例を利用したい場合には、**確定申告書の所定の欄に記載する**だけで適用できますから、簡易課税のように、事前に書類を出すべきかどうかの検討をする必要もありません。

また、**簡易課税制度選択届出書**（P.97 参照）**の提出日の特例**により、令和５年

10月1日から事業者登録により課税事業者となる場合には、届出書を出した課税期間で簡易課税が即時適用できますが、２割特例を利用している場合は翌課税期間についても同様の即時適用の特例がありますので、**この３年間は実質３パターンの計算方法を選択できる**ことになります。ただし、一度「簡易課税制度選択届出書」の効力が生じた課税期間からは、原則課税は選べませんので注意が必要です。

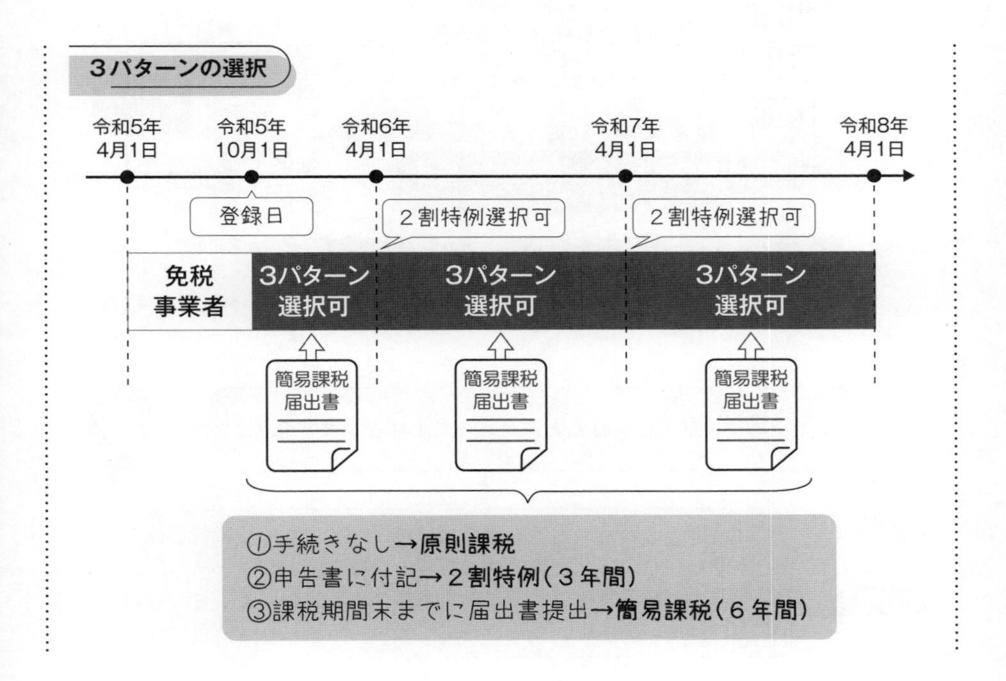

３パターンありますが、一般的には**２割特例が最も簡単で計算上も有利になるケースが多い**と思いますよ。
ですが、ふじさわ屋さんみたいに、簡易課税のみなし仕入率がもともと高い業種の場合もありますし、複数事業を営んでいる場合には計算も難しくなりますから、自分の状況で、すべてのパターンを一度シミュレーションしてみるといいと思います。

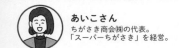

小規模事業者に対する納税額に係る負担軽減措置（イメージ）

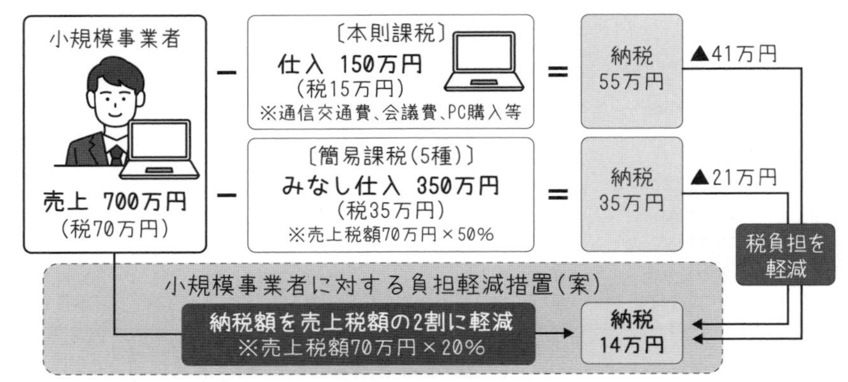

※負担軽減措置の適用に当たっては、事前の届出を求めず、確定申告書にその旨を付記することにより選択適用できることとする。

（出典：財務省「小規模事業者に対する納税額に係る負担軽減措置（案）」をもとに作成）

インボイス制度は、ほんとに考えることが多いですね！

簡易課税の即時適用は６年間だけの特例ですし、２割特例は３年間だけなので、その関係の整理も必要です。
それに、簡易課税は、そもそも書類の出し忘れに気をつけないといけないですね。

まとめ

- 簡易課税も複数事業を行うと計算が少し難しい
- 仕入税額控除を売上の税額の一律80%とする特例がある
- 適用対象条件が当てはまる期間はすべてのパターンをシミュレーションしてみよう

やってみたコラム②

適格請求書発行事業者に登録してみた。

本章で紹介した適格請求書発行事業者の登録申請は、2021年10月1日からすでに開始されています。筆者も初日からさっそく申請してみました！

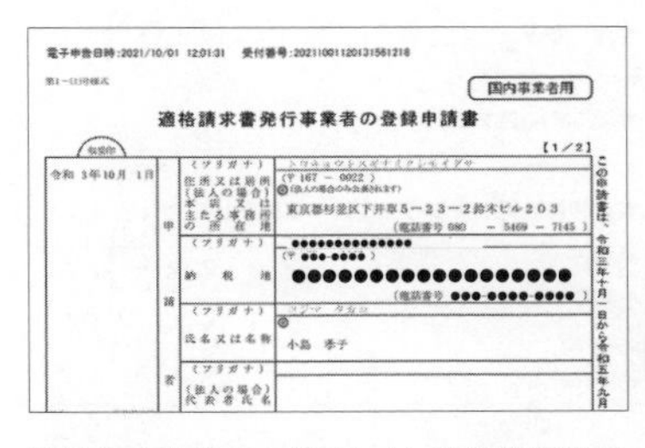

電子申告日時:2021/10/01 12:01:31　受付番号:20211001120131561218

第1-(1)号様式

国内事業者用

適格請求書発行事業者の登録申請書

【1／2】

令和 3年10月 1日		
申請者	（フリガナ）	トウキョウトスギナミクシモイグサ
	住所又は居所（法人の場合）本店又は主たる事務所の所在地	(〒167 － 0022) （法人の場合のみ公表されます） 東京都杉並区下井草５－２３－２鈴木ビル２０３ （電話番号 080 － 5469 － 7145）
	（フリガナ）	●●●●●●●●●●●●●●●
	納税地	(〒●●●-●●●●) ●●●●●●●●●●●●●●●●●●● （電話番号 ●●●-●●●●-●●●●）
	（フリガナ）	コジマ　タカコ
	氏名又は名称	小島　孝子
	（フリガナ）	
	（法人の場合）代表者氏名	

この申請書は、令和三年十月一日から令和五年九月

（注）個人事業者の場合には、原則住所や納税地は公表されません。そのため、店舗などがある場合には、屋号や住所を公表する必要があります。

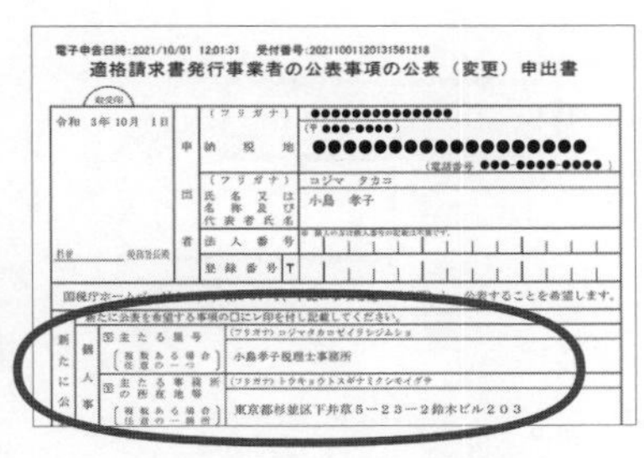

電子申告日時:2021/10/01 12:01:31　受付番号:20211001120131561218

適格請求書発行事業者の公表事項の公表（変更）申出書

令和 3年10月 1日		
申出者	（フリガナ）	●●●●●●●●●●●●●●●
	納税地	(〒●●●-●●●●) ●●●●●●●●●●●●●●●●●●● （電話番号 ●●●-●●●●-●●●●）
	（フリガナ）	コジマ　タカコ
	氏名又は名称及び代表者氏名	小島　孝子
	法人番号	
	登録番号	T

新たに公表を希望する事項の□にレ印を付し記載してください。

新たに公表	個人事業者	☑主たる屋号（複数ある場合任意の一つ）	(フリガナ) コジマタカコゼイリシジムショ 小島孝子税理士事務所
		☑主たる事務所の所在地等（複数ある場合任意の一箇所）	(フリガナ) トウキョウトスギナミクシモイグサ 東京都杉並区下井草５－２３－２鈴木ビル２０３

本章では触れていませんが、個人事業者の場合、申告書には原則として住所地を**納税地**（申告の基礎となる場所）として記載しますが、**請求書には事業所の所在地を記載**するため、任意で事業所の場所を公表することができます。こうした公表を行うには、別途「**公表申出書**（右側の書面）」を提出する必要があります。登録が完了すると、税務署から「登録通知書」が送付されます。

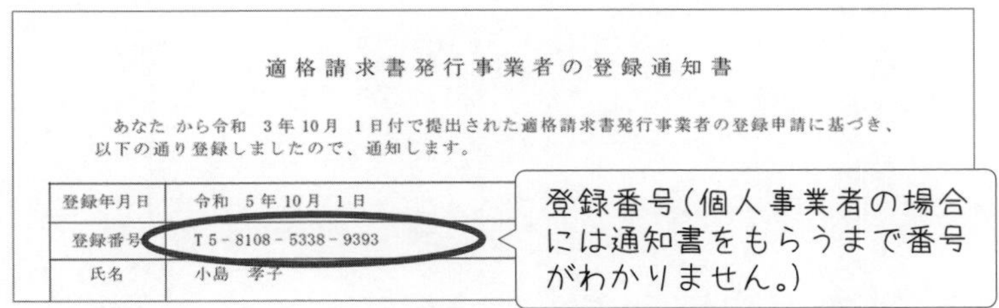

適格請求書発行事業者の登録通知書

あなた から令和 3年10月 1日付で提出された適格請求書発行事業者の登録申請に基づき、以下の通り登録しましたので、通知します。

登録年月日	令和 5年10月 1日
登録番号	T5－8108－5338－9393
氏名	小島　孝子

（注）法人の場合には「T＋法人番号」になりますが、個人事業者は税務署から番号が割り振られます

登録通知書がきたら、公表サイト（https://www.invoice-kohyo.nta.go.jp/）で登録内容を確認してみましょう。

検索結果はこのようになりました。

第3章

電子帳簿保存法とデジタルインボイス

経理のDXのためにすべきこと

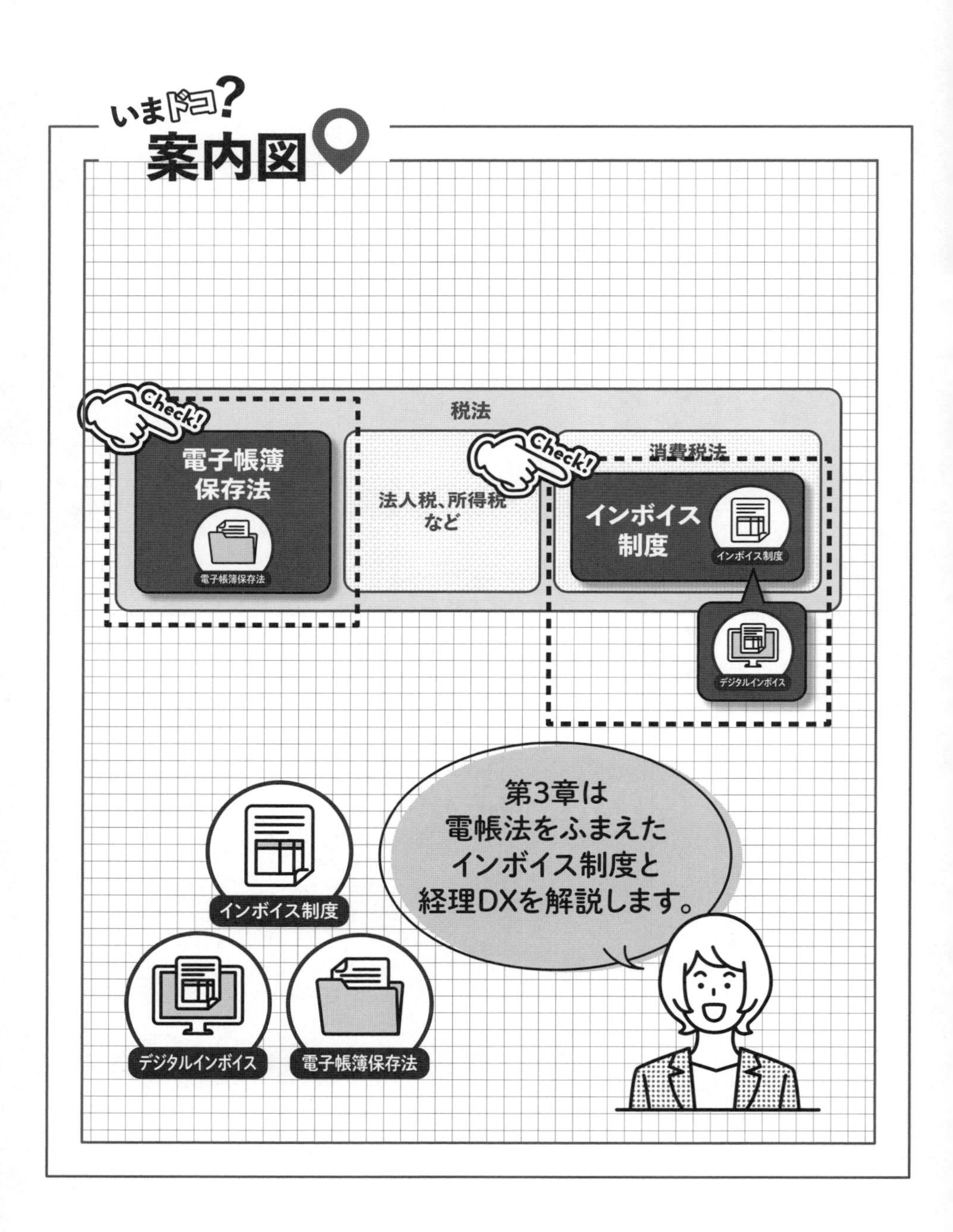
いまドコ？
案内図
税法
電子帳簿
保存法
電子帳簿保存法
法人税、所得税
など
消費税法
インボイス
制度
インボイス制度
デジタルインボイス
第3章は
電帳法をふまえた
インボイス制度と
経理DXを解説します。
インボイス制度
デジタルインボイス
電子帳簿保存法

「経理業務のDX」そんな言葉がネット上にあふれる2023年。
多くの企業がDXって何をすれば・・・と悩んでいることではないでしょうか?
電子帳簿保存法の改正やインボイス制度の開始は、
これからの経理環境に大きな革命をもたらす出来事。
この章では、イチハラくんとカシワさんと一緒に経理のDXについて学んでいきましょう。

社員30人の小規模会社、八千代商事経理部の若手経理マン
・努力家で他の経理部員からも信頼されるしっかり者
・でもITは少し苦手
・ノダ部長からいつもむちゃぶりされて困っている
八千代商事のシステム担当
・経理部署の相談にいつも気軽に応えてくれるアネゴ肌
・大手メーカーの経理システム部門から転職して5年目
・エンジニアとしてのスキルは実は高いらしい
・SNSのフォロワーが1万人を超えるインフルエンサーらしいという噂も
頼れる先輩
イチハラくん
カシワさん
上司
八千代商事経理部の部長
・経理畑で30年の経理のプロ
・でもITはよくわからなくて困っている
・パソコンはいつもイチハラくんを頼っていて、仲が良い関係
ノダ部長

この章で学ぶこと

- 支払業務のデータ活用を中心とした効率化
- クラウドの活用で企業内の情報を活かす
- 電子帳簿保存法とインボイス制度　2つの法律の関係を理解
- 日本におけるデジタルインボイスの標準仕様の利用が開始

1 法改正でDXを進めよう

～DXのための洗い出しと請求書のデータ発送～

請求書の発行はデジタル化の中でもいちばん手が付けやすいところです。いろいろなサービスも充実しています。

イチハラくん、昨日社長と**電子帳簿保存法とインボイス制度**の説明会聞いてきたんだど、いやー、うちはまだまだアナログだし、対応たいへんだね。社長もDXしなきゃとか言っているし、ついでにちょっとうちの部のDXってどうしたらいいか考えてみてくれる？

そんな、適当な～……僕だってDXなんてわからないですよ。

社長が昨日の話聞いて、ノリノリになっちゃってさ。僕も困っているんだよ。経理としても対応しないといけないことだし、新しいシステムの予算つけてもいいということだから、システムのカシワさんに聞いて考えてみてよ。

■DXってなんだろう？

このところDX（デジタル・トランスフォーメーション）**という言葉をよく耳にします**。イチハラくんのように上司に突然聞かれて困ったことがある人もいるのではないでしょうか。

そもそもDXとは何なのでしょうか。

DXの本質は、単に便利システムを入れようという話ではなく、**ICT（次ページで解説）の力で業務プロセスを変革していこう**、という**仕事の在り方**の話なのです。電子帳簿保存法やインボイス制度といった法改正はこれまでの業務プロセスを変えていかないと対応できません。

まさに、**経理のDX時代が到来**しているのです。

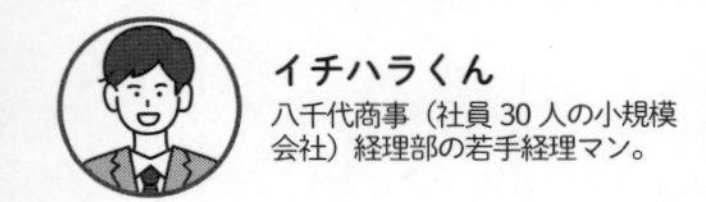

イチハラくん
八千代商事（社員 30 人の小規模会社）経理部の若手経理マン。

カシワさん
八千代商事のシステム担当エンジニア。大手メーカーの経理システム部門から転職。

ノダ部長
八千代商事の経理部長。経理のプロだが IT は苦手。

＼ワンポイント解説／

【ICT とは？】

Information（インフォメーション） and（アンド） Communication（コミュニケーション） Technology（テクノロジー）（情報通信技術）の略。つまり、人の手に代わってテクノロジーの力で業務を行う技術ということ。

カシワさん、ちょっといいですか？

あら、イチハラくん。どうした？なんかあったの？

ちょっと、部長がまたよくわからないこと言い出して……
カシワさん、**電子帳簿保存法とかインボイス制度**ってどうしたらいいと思います？なんか、あれをやらないといけないから、うちも DX しろって部長に言われて……

あいかわらず部長にむちゃなことを言われているわね。まあ、うちの経理は手作業多いし、この前の説明会で電子帳簿保存法やインボイス制度はうちの部署も対応考えないと、と思っていたところだから。とりあえず、**データで取引のやり取りする**ところを目標に何が変えられるか考えてみたらいいんじゃない？

■ゴールを決めて計画を練ってみよう

DX 成功のカギは単に新しいソフトを導入することではなく、これまでの**処理の流れを目標に合わせる**ように変更するためのツールとして、導入するソフトを検討しなければなりません。そのため、まず、**現状の整理**と**目標設定**を行う必要があります。

電子帳簿保存法とインボイス制度に対応する際にどこが問題になるか整理するわね。

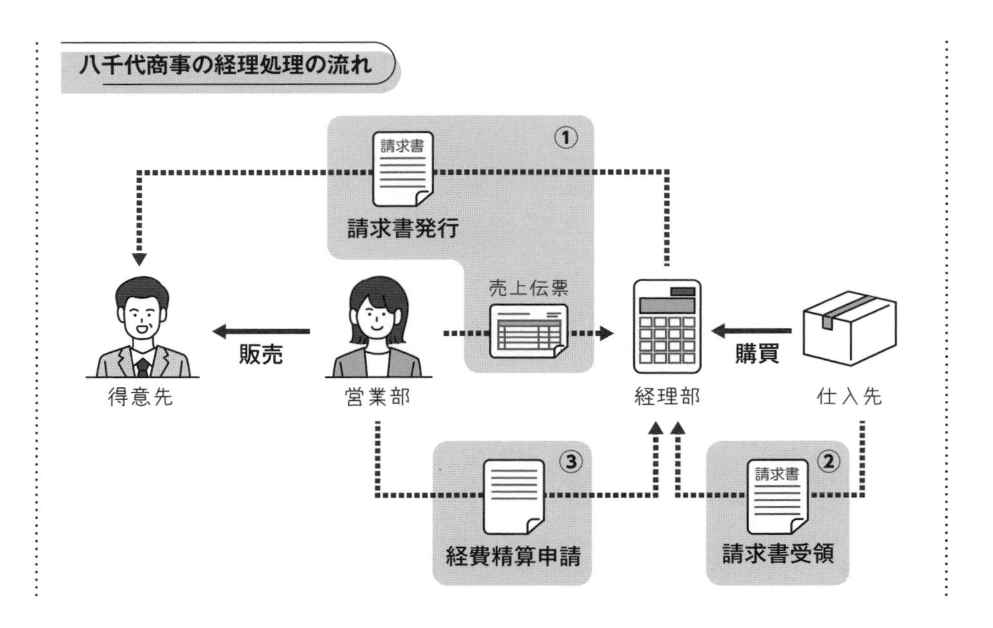

八千代商事は、工場の部品の卸売販売を行っています。売上や仕入などの経理処理の流れは次のとおりです。

①営業部が得意先から注文を受けると売上伝票を作成。経理部では、この伝票を元に月末に請求書送付する。
②購買を行った際の仕入の管理は営業部で行うが、仕入先からは経理部に直接請求書が届く。
③各営業部員が立て替えた経費は、月末までに経費精算書を作成し、領収書を添付して経理部に提出する。

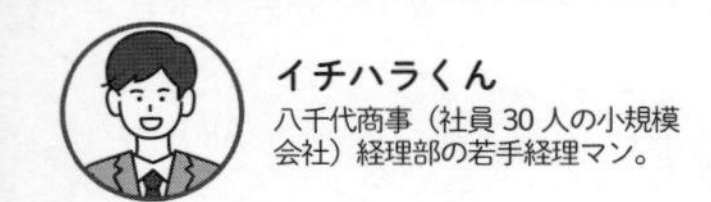

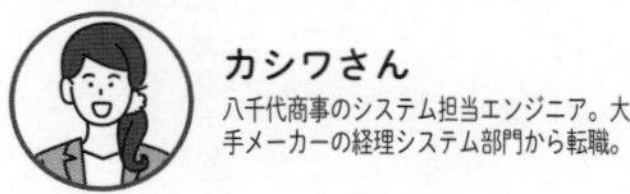

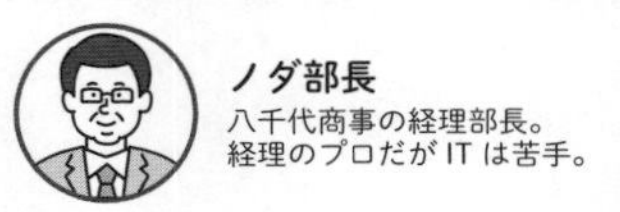

イチハラくん
八千代商事（社員30人の小規模
会社）経理部の若手経理マン。

カシワさん
手メーカーの経理システム部門から転職。

ノダ部長
八千代商事の経理部長。経理のプロだが IT は苦手。

次に電子帳簿保存法やインボイス制度に対応するために何が必要か整理しましょう。

【電子帳簿保存法の課題】

①請求書の発行は、現状営業部から売上伝票をもらって経理部が作成し、郵送しているが、**営業部が直接売上データを入力**し、データで請求書を送付して「**自己が作成する帳簿書類**」としてデータ保存したい

②仕入などの購買の請求書は経理に郵送で来ているものもあれば、メールできているものもある。今後、テレワークになることも考えると**郵送分**は「**スキャナ保存**」をし、**メール分**は「**電子取引**」としてデータ保存したい

③経費精算は、営業部員が「**スキャナ保存**」を使って、直接データで申請し、経理はデータをチェックするだけにしたい

【インボイス（適格請求書）の課題】

①インボイス制度の**要件どおりの適格請求書が発行できる**ように改修する

②仕入先や立替経費の支払先が**適格請求書発行事業者かどうかのチェックを入れる体制**を作る

カシワさんすごいな。なんでこんなに簡単にわかるんですか？

制度の説明を理解していたら、何が問題か、わかるわよ。
うちの部でも対応を検討するように言われているしね。
とりあえず売上の話から見ていくわね。

■請求管理システムを導入して、請求業務を効率化しよう

まずは請求書の発行から検討してみましょう。

現状、八千代商事では、営業部署から紙で上がってきた**売上伝票を元に経理部で請求書を作成**し、各得意先に郵送しています。

営業部で売上伝票を作成するのだから、そこから請求書を起こすのは二度手間なような気がします。

僕らの仕事は、営業さんからもらった売上伝票のとおりに入力するから、**営業さんが伝票を上げてくれないと処理できない**んですよね。担当者が作成していても上司のチェック待ちで止まっていることもあるし、現状を把握できないんです。

ここは改善しないといけないと私も思っていたわ。請求書を出したあと、売上データをさらに会計ソフトに入力しているでしょ？ここ、売上のデータを入れたら、**請求書が自動で作成できて、同時に帳簿にも登録される**ようにしたいわね。

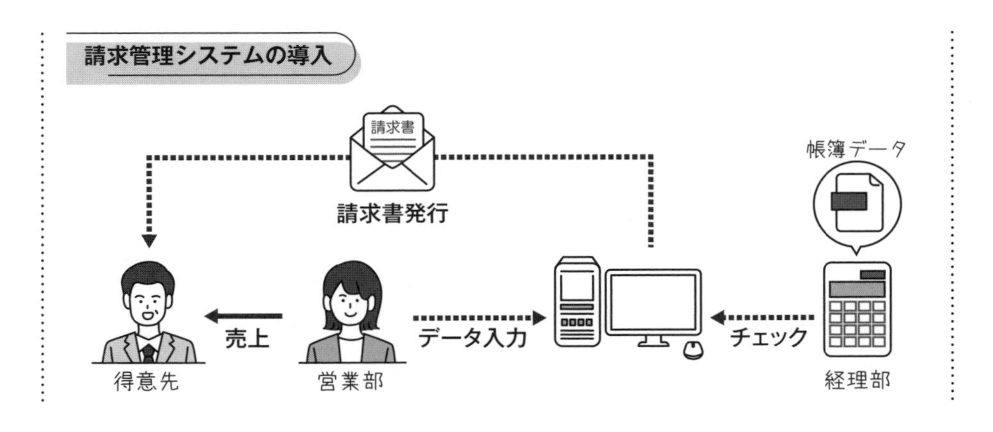

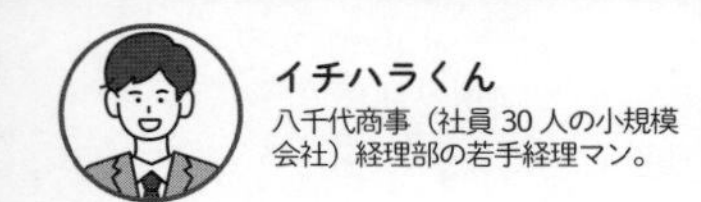
イチハラくん
八千代商事（社員 30 人の小規模会社）経理部の若手経理マン。

カシワさん
八千代商事のシステム担当エンジニア。大手メーカーの経理システム部門から転職。

ノダ部長
八千代商事の経理部長。経理のプロだが IT は苦手。

こんな感じで、売上データは営業部が直接請求管理ソフトに入力して、経理はチェックするだけにする。
OK だったら、システムから経理が直接メールで請求書を発送して、帳簿データの取り込みを行えるようにする。

これなら、効率化できるし、請求書がソフトでデータになっているから、そのままで電子帳簿保存法の「**自己が作成した書類**」の保存もばっちりですね。
ところで、この場合、請求書の印鑑ってどうするんですか？

印鑑？？

■請求書に印鑑は必要なのか？

請求書のデータ送信は確かに便利ですが、紙と違って押印することができません。これは問題にならないのか、と不安になる方もいらっしゃるでしょう。

実は、請求書の発行が商慣行で行われていた（P.13 参照）ように、請求書の**印鑑も法律の根拠はありません**。しかし、印鑑があれば改ざんされていないと信用していた方も少なくないでしょう。

印鑑はなくても問題ないけど、必要なら**電子印鑑**っていうものもあるわよ。印影の画像を請求書の PDF に書き込むの。
でも、認印程度の効果だから、本当に改ざんを気にするなら**タイムスタンプ**の方がいいと思うわ。

タイムスタンプがある請求書なら、そのまま取っておくだけで得意先も**「電子取引」保存の要件**を満たしますね。

どこまでやるかは予算の問題もあるから、部長と話して必要性を検討するといいわね。

まとめ

- ☑ DX はゴールを決めてやり方から変えること
- ☑ まずは、現状を整理して、目標設定を行おう
- ☑ 請求書のデータ発行をして、業務を効率化しよう

2 電子帳簿保存法に備えて、データの保存方法を考えよう

～オンラインストレージでデータ保存～

支払業務は２つの法律の最大の問題。まずは請求書の整理方法をルール化しましょう。

今度は、支払業務ね。
売上と違って、いろんなタイプの請求書が来るから、電子帳簿保存法に対応するには、これを**整理する方法**を考えないと…

今は、請求書は**すべて紙で提出してもらっています。**
郵送のものもあるし､メールで送られてくるのもあるから、今までは全部紙で回覧して経理処理していたんですよね。

電子帳簿保存法だと、原則的には**データでもらうものはデータ保存が義務化**なので、今後のテレワークを考えると、すべてをデータに寄せて管理した方がいいわね。

■支払業務はデータを中心に考える

売上と異なり、支払業務は取引相手が発行する**請求書のフォーマットを指定することは基本的にできません**。そんな中で、**データ保存が義務化**されるわけですから大変です。今までどおりやろうにもメールに添付されて届いた請求書をプリントして保存したままでは､**青色申告が取り消されてしまう**かもしれません。これからは、すべてが**データで管理できる**ように仕組みを変えていくことが求められます。現状の業務フローから改善点を確認してみましょう。

八千代商事のこれまでの支払業務の流れ

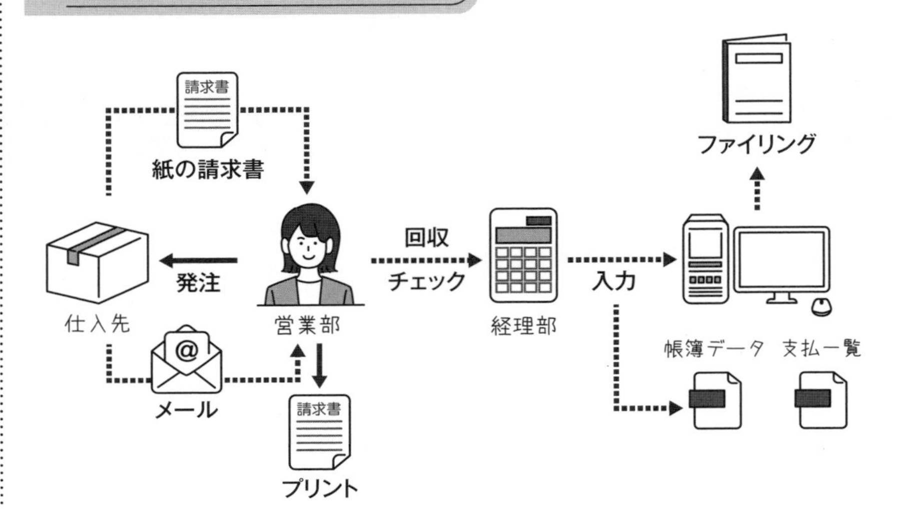

まず、メールでもらっている請求書。電子帳簿保存法では、電子取引については紙保存が原則として禁止されているから**データで保存しないと電子帳簿保存法に違反することになるわね。**ここは真っ先に改善が必要ね。

営業部内で経費の承認作業をするのに、いままでは紙で回ってきたものをチェックすればよかったけど、紙のものとデータのものがあると、**承認者がどこを見たらいいかわからなくなる**可能性がありますね。

オンラインストレージを使って、データを１ヵ所に集めることを前提に、業務フローを考えてみましょう。

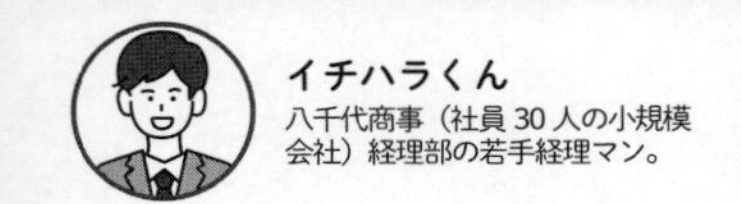
イチハラくん
八千代商事（社員 30 人の小規模会社）経理部の若手経理マン。
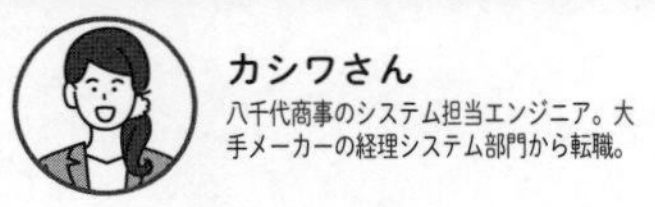
カシワさん
八千代商事のシステム担当エンジニア。大手メーカーの経理システム部門から転職。

■オンラインストレージとは？

オンラインストレージは、**インターネット上にファイルを格納することができるシステム**です。インターネット経由でファイルが開けるので、ネットが使える環境なら、どこでも見たいファイルが参照できるのが特徴です。また、セキュリティの面でも不正アクセスを防ぐための認証が強化されているので安全。**テレワーク時には社外からのアクセスも可能**です。

営業部内で承認が通ったファイルを**オンラインストレージの決まったフォルダに入れる。**
→このときに、**紙でもらったものはスキャン**してデータで入れる。
→締日になったら、経理はフォルダを見て、支払一覧を作成する。
こんな感じで考えてみましょう。

カシワさんの考えたフロー

紙の請求書
請求書
スキャン
営業部
メール
オンライン
ストレージ
チェック
経理部
入力
帳簿データ
支払一覧

なるほど、これならそんなに手間が増えることなくルールが守れそうですね。

大企業だと、ストレージサービスの利用はコンプライアンスが厳格だったり、業務フローがもっと複雑だったりするから、こういうやり方はできないわね。でも、うちの規模なら、そこまでは求められないから、今のところはこのやり方でやってみたらいいと思うわ。
電子帳簿保存法の要件に合わせて、問題ないか確認しましょう。

■電子取引の確認

まずは、最重要案件の電子取引の要件から、カシワさんの作った**要件適合表**を使って確認しましょう（要件の詳細はP.36の保存要件を参照してください）。

なお、消費税にも保存に関して同様の決まりはありますが、そちらは第２章インボイス編のP.74を参照してください。

要件		適合性	問題点等
真実性の要件	タイムスタンプのあるデータを受領	△	相手次第 あるものもないものも…
	経理でタイムスタンプの付与	×	付与できるシステムがない
	訂正・削除のできないシステム	×	誰でもデータを削除できる
	事務処理規程を定める	○	作成すればOK
可視性の要件	出力機器の備付け	○	パソコン、プリンター、モニター全部OK
	システム概要書の備付け	○	ベンダーが公開するオンラインマニュアルがある
	検索機能の確保	△	**日付、取引金額、取引先検索はOK**

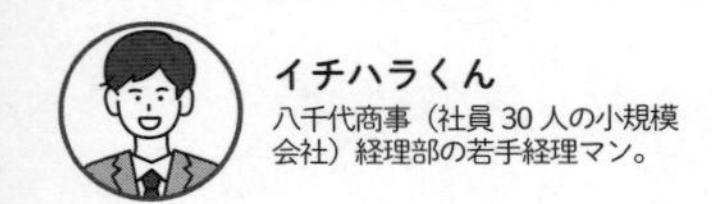

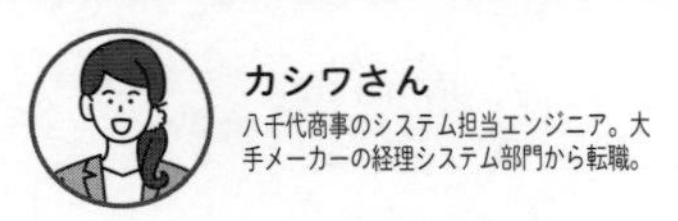

真実性の要件はどれか一つでよかったから、**事務処理規程**さえ作れば問題なさそうですね。

可視性の要件は、問題になるのが**検索機能**ね。
一般的なソフトでもストレージ内検索で、日付や金額、取引先名では検索できるから、最低限の要件はクリアできそうね。

電子取引のデータ保存は、令和４年の改正で**義務化**されている部分ですが、これに対応するために特別な会計ソフトの契約が必要だと心配している人も多いでしょう。

最低限の保存要件だけを考えるのであれば、特別なソフトを用意しなくてもフォルダ内検索はできるので、ファイル名に検索できるルールを持たせて、探しやすいように整理すれば、検索要件はクリアできそうです。

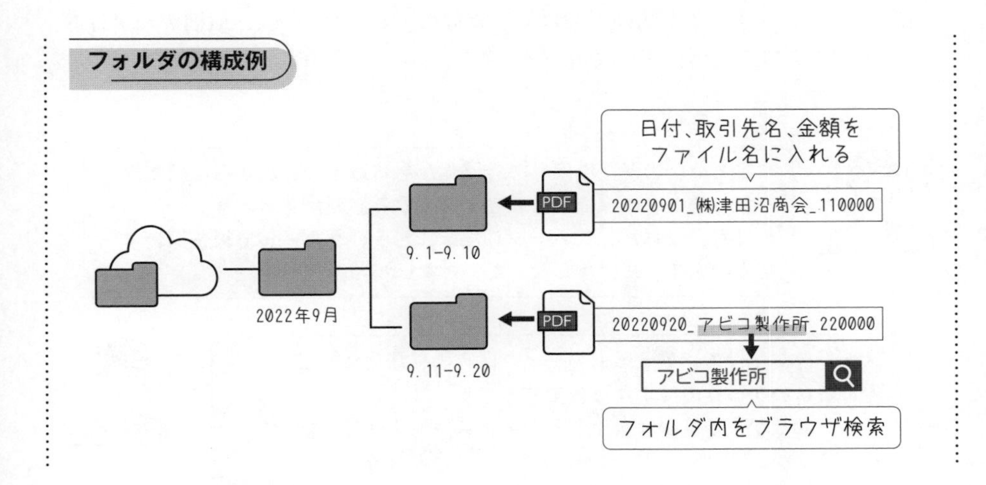

検索項目をファイル名にすれば検索がかかるから、ファイル名のルールを徹底してもらえばいいですね。

この方法だと、データベースがあるわけではないから、検索を絞りやすいように、フォルダ内の整理方法も月ごと、日付ごとなど細分化しておいた方がいいわね。

でも、スキャナ保存は難しいですよね……

■スキャナ保存ができなくても原則データ保存にしよう

次にスキャナ保存を考えてみましょう。スキャナ保存の前提は、**タイムスタンプ**です。八千代商事では現状、タイムスタンプが付与できる会計ソフトを利用していませんから、これはすぐには難しそうですね。ただし、スキャナ保存ができないからといって、データで保存したらいけないわけではありません。

請求書がバラバラだと支払いが漏れてしまうので、これからは「**原則データ保存**」での運用方法を考えた方がいいでしょう。

電子取引のデータ保存の義務化がある以上、これからは紙ではなくデータの保存に合わせて運用する必要があるわね。
でも、これだとスキャンした後、**どういうルールで紙を保管するか**もルール付けしないといけないわね。

ストレージだけで、電子取引のデータ保存の義務化に対応できることがわかったのはよかったです。
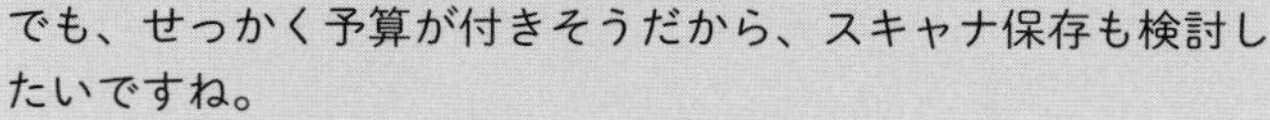
でも、せっかく予算が付きそうだから、スキャナ保存も検討したいですね。

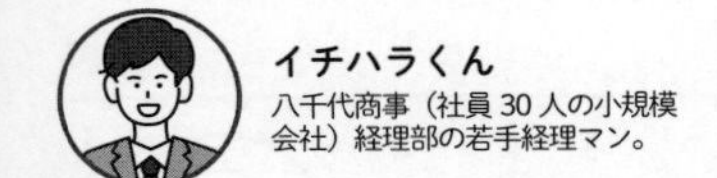
イチハラくん
八千代商事（社員 30 人の小規模会社）経理部の若手経理マン。

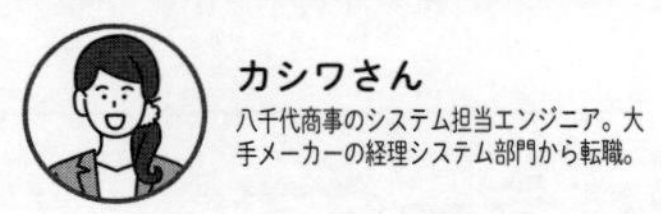
カシワさん
八千代商事のシステム担当エンジニア。大手メーカーの経理システム部門から転職。

まとめ

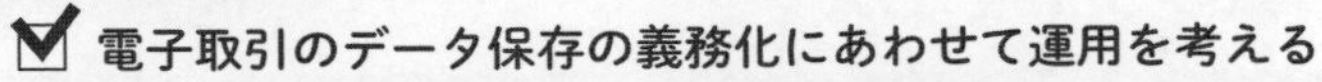

- ☑ 電子取引のデータ保存の義務化にあわせて運用を考える
- ☑ スキャナ保存は任意だが、会計情報が漏れないように原則データ保存での運用を検討しよう

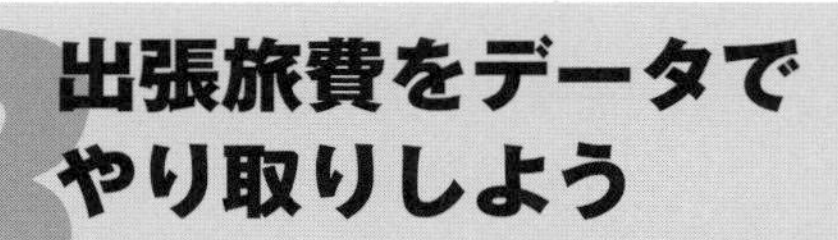

3 出張旅費をデータでやり取りしよう

～経費精算ソフトで DX ～

経費精算はスキャナ保存を中心にソフトを使って効率化を図りましょう。

次に**経費精算**ね。
現状は経費精算書を紙でもらっているのよね。

そうですね、毎月、多くの社員の申請を精算しないといけないし、とにかくチェックが大変です。

そうね、これからインボイスも始まると経理処理も大変だし、**スキャナ保存**も含めて早めにデータ保存に移行できるように考えてみましょう。

■経費精算の DX 化は「誰でも手軽に」を目指そう

経理の仕事の中でもとりわけ細かい作業が経費精算です。
領収書はすべて貼ってあるか、経理規程に照らし合わせて問題ないか、申請額に誤りはないか、などなど、たくさんの確認事項があります。

細かいチェックを行わないといけない上に、期日までに申請が間に合わない他部署の社員との押し問答にも対応しなければなりません。

経理は月次で報告しないといけないのに。
そこをわかってない他部署の人が期日を過ぎている領収書を大量に持って来るんですよね。ただでさえチェックが大変なのに…

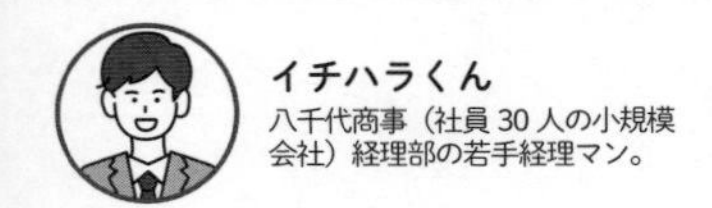

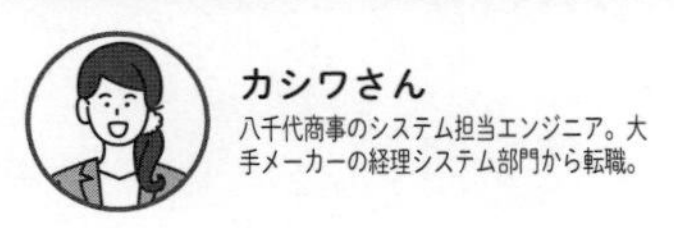

まあ、イチハラくんの気持ちもわかるけど、私は経理じゃないから、自分の仕事の合間に**経費精算書を作って、領収書を台紙に貼り付けて**っていう細かい作業が大変だなあって思う人の気持ちもわからなくないな。

経費精算って、実は誰も望んでない作業ですよね。これってなんとかならないでしょうか。

パソコンだと会社に戻ってから作業をしないとできないから、出張先のカフェとかにいても、**スマホで簡単に申請できる方法**を考えましょう。

では、ここでこれまでの八千代商事の経費精算の流れを整理しましょう。

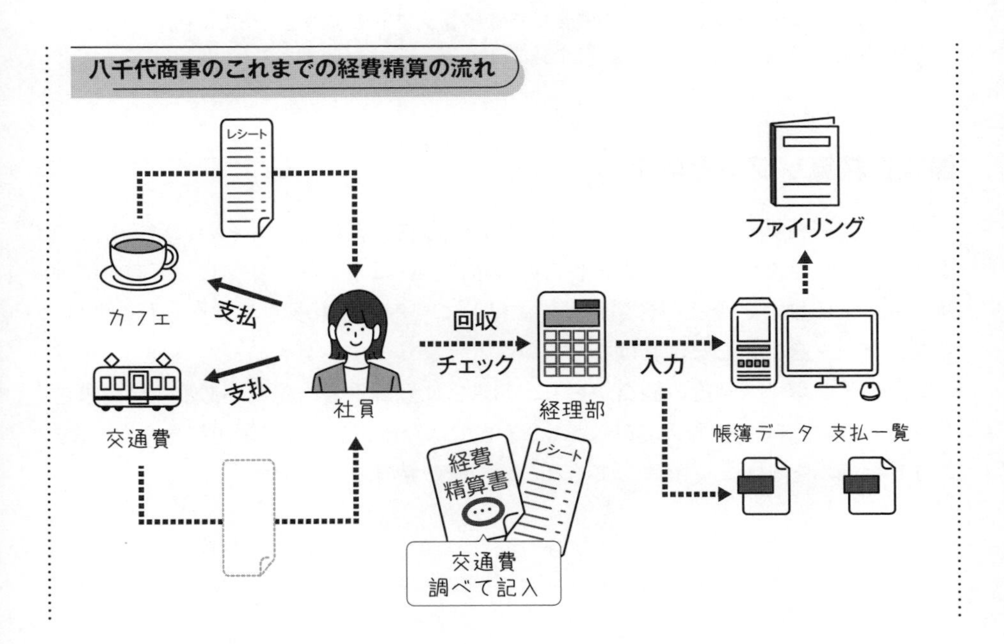

今は、領収書が添付された**経費精算書を紙で提出**してもらって
経理でチェックしています。
交通費で領収書が出ないものは、各自がネットで料金を調べて
申請してもらっています。

経費精算の対象になるものは、たとえば**ネットショッピングの買い物**とかもあるよね。
これ、**電子取引**になっちゃうから、**データ保存の対象**になるし、
早めに対応しないとダメよね。

確かにそうですよね。経費精算は個々の社員の申請内容に、紙の領収書もデータの領収書もあるから、フォルダに入れてもらって管理するのは難しそうですね。

そうよね、この機会に**経費精算ソフト**の導入をしましょう！

■経費精算ソフトとは？

立替経費の精算の作業は、申請者が集めた領収書を提出してもらい、精算しています。カシワさんの言うとおり、各自の請求内容にはネットショッピングの決済画面やカード明細などを証明書類として添付してくることも多く、こうした申請は、今後、**データを受領しなければならない**こととなります。

また、**インボイス制度の観点**からも、請求書に**登録番号**の記載がある適格請求書をもらわなければなりませんから、このままでは今後、さらに問題が起きそうです。こうした悩みをまるまる解決してくれるのが経費精算ソフトです。

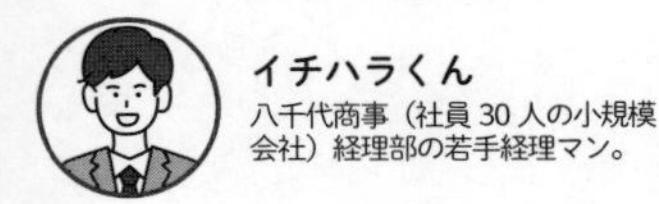

経費精算ソフトの仕組み

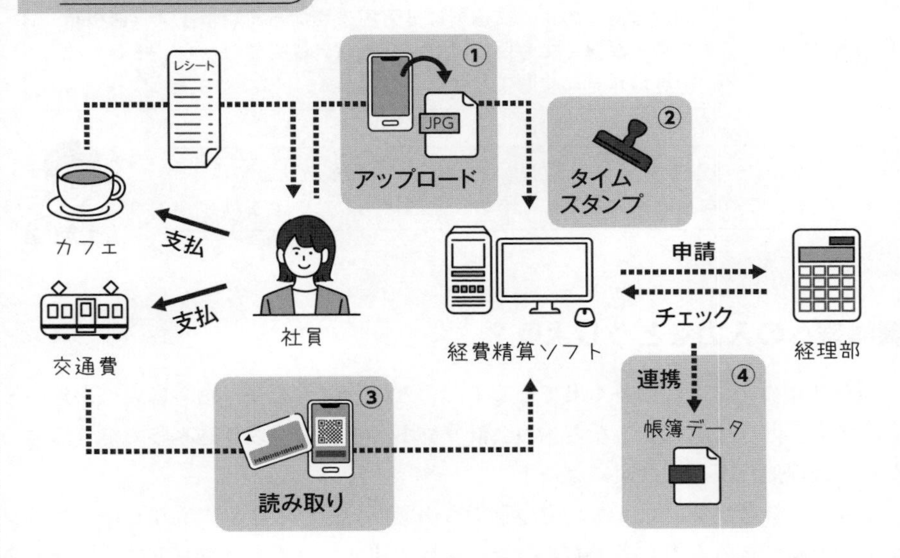

① レシートの精算は、レシートを**スマホアプリで写真**を撮ってデータ化。スマホから**直接経費精算ソフトのほうにアップロード**。
② 社員が写真をアップロードした時点で**タイムスタンプを自動付与**。
③ 交通費は**ＩＣカードのデータを読み取って**データ化。
④ 申請が完了したデータを経理がソフト上でチェック。チェックが終了したら、**帳簿にデータを連携**して計上。

これなら、スマホで処理できるから出張先でも申請できるし、月次の締めまでにタイムスタンプを付与して申請してもらえれば、スキャナ保存も**業務処理サイクル方式**（P.30）で運用できるから問題ないと思うわ。

IC カードは経費精算用のものがあると便利ですよね。IC カードが読み込めるなら、全部 IC カードで決済してもらった方がレシートの処理がいらないから楽にできそうですね。

それだと、電子帳簿保存法は問題ないけど、インボイス制度の問題はあるのよ。**交通費は3万円未満ならインボイス（適格請求書）がなくてもいい**けど、**それ以外は必要**だから、そこの線引きはルール化しておかないとね。

そうか。そうなるとレシートは出してもらう必要がありますね。でも、これならみんなが楽になるので絶対採用したいですね。

■帳簿への入力をどうしよう？

経費精算のソフトは数多く出ているので、どのソフトを使ったらいいのか迷います。でも、どうせ導入するなら④**の会計ソフトへのデータ取り込み**までできるものだと、経理処理がグッと楽になります。

こうした経費精算ソフトや、前の章でも出てきた請求管理ソフトなどは、**会計ソフトに連動できるもの**も多々あるので、自社で使っている会計ソフトに連動できるものを選べば、電子帳簿保存法の対応をしながら会計ソフトへの入力が自動でできるようになります。

こうした**業務プロセスを変えること**がDXなのです。

電子帳簿保存法への対応は**JIIMAのマーク**（P.40）を確認してソフトを選べば大丈夫ですね。

うちの場合は、取引量も増えてきたし、請求書も単にストレージ管理じゃなくて、完全電子化対応できるように会計ソフトから見直した方がいいかもね。

そうすると、もう一度全部のソフトを見直さないといけないな。大変だ！

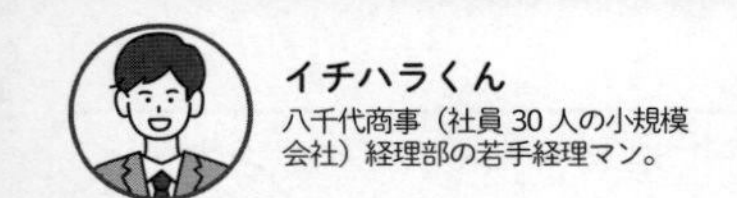
イチハラくん
八千代商事（社員 30 人の小規模会社）経理部の若手経理マン。

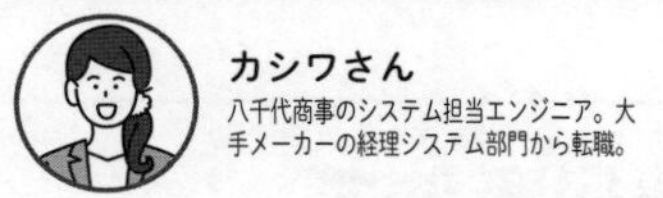
カシワさん
八千代商事のシステム担当エンジニア。大手メーカーの経理システム部門から転職。

まとめ

- ☑ 経費精算はソフトを使えば、みんなが楽にスキャナ保存ができるようになる
- ☑ インボイスが必要な書類と必要ではない書類のルール付けをしよう

4 電子帳簿保存法で帳簿の入力もDXしよう

～クラウド型の会計ソフトを使った帳簿の作成～

電子帳簿保存法に対応するには、クラウド型の会計ソフトが便利です。データ保存を徹底すると帳簿の入力も楽になります。

カシワさん、経費精算ソフトのパンフレットをいくつか見て検討していたんですが、やっぱり会計ソフトのシリーズで出ているソフトだと、経理処理も楽そうなので、部長と相談したら、ソフトを変えることも含めて検討していいって言われたんですよ。

そうね。クラウド型の会計ソフトを使えばＥＲＰ（イーアールピー）の機能が安く利用できるから、これからの業務管理には必要かも。

ERP ？？

■ ERPでデータを統合管理しよう！

会社の業務を管理するには、会計ソフト以外にも売上の管理や固定資産の管理、従業員の勤怠の管理、年度ごとの予算管理など、**さまざまなソフトやシステム**を導入する必要があります。

こうしたシステムは、通常、個々のシステムをそれぞれの担当者が利用しているだけですから、**他部署の人は必要があればデータを出してもらわないと確認できません**。

せっかくすべてがデータ入力されているのだから、これらがうまく活用できたほうがいいですよね。

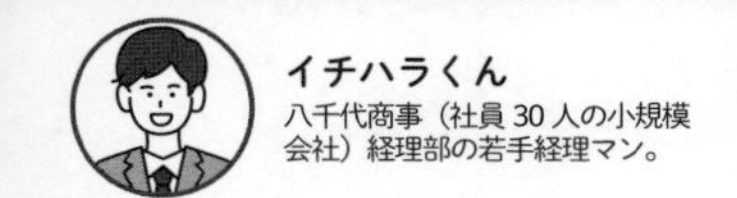

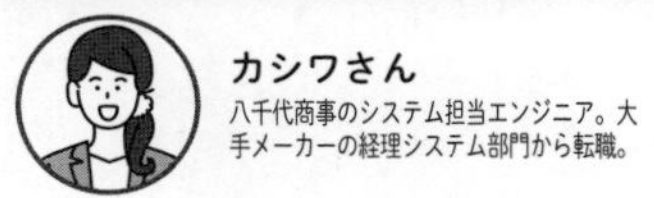

うちは、売上の管理は営業でしているから、経理は**売上伝票を上げてくれないと売上の確認ができない**んですよね。

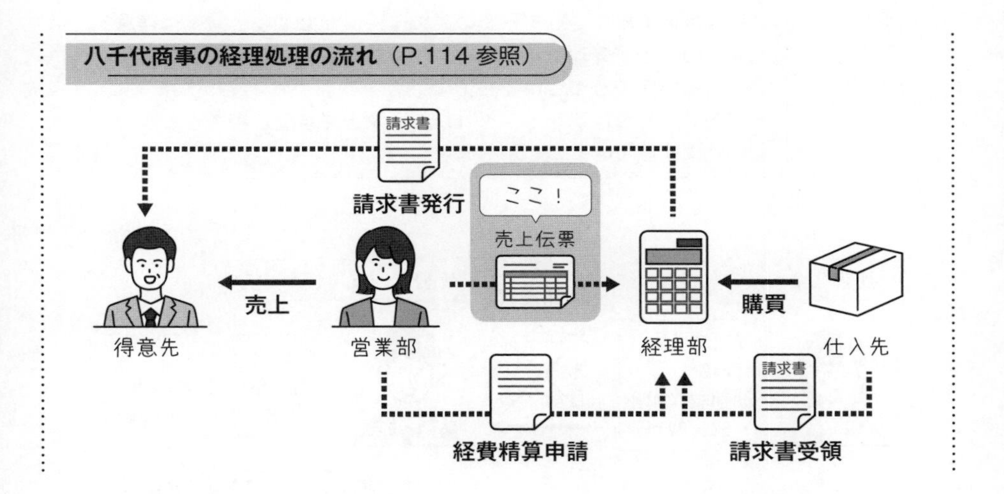

こうした問題を解決できる技術が**ERP システム**です。

ERP システムでは、**人の作業を介さず**個々の管理システムが相互にデータのやり取りをすることで、**データの入力作業が激減**し、**業務効率化を図る**ことができるのです。

さらに、各システムのデータを相互に活用すれば、**会社中のデータが経営に活かせる**、まさに「**資源**」となるのです。こうしたERP の機能が簡単に取り入れられるのが**クラウド型の会計**ソフトの特徴です。

＼ワンポイント解説／

【ERP とは？】

Enterprise（エンタープライズ） Resource（リソース） Planning（プランニング）（企業資源計画）の略。企業が保有する情報資源（データ）を最適に利用する仕組み。

ERP システムでは、企業の基幹業務である製造・流通・販売・在庫管理・財務会計・人事管理などを統合的に取り扱うことが可能となります。

なるほどね。バラバラに管理するよりも、データが経理と営業でお互いにチェックできれば、確認も楽ですね。

経理はあくまで会計データの形のデータが必要で、営業は得意先別の売上が管理できればいいわけだから、同じデータ形式だとお互い管理しづらいでしょ？
だから、管理は別々で、それが**データ上で自動連携**できる形で**同時に管理**できることがベストなのよ。

仕訳？？

A社売上
5/10
A部材100個
500,000円

営業のほしいデータ

自動連携

仕訳データでほしいな

5/10
（借）売掛金500,000／
（貸）売上　500,000

経理のほしいデータ

今まではデータ形式の違いを僕らが入力処理で変えていたけど、営業が売上データを入れてくれたら、入力しなくても仕訳データが計上されるということなんですね。

うちの営業はいまだにExcelで管理しているから、ここも一緒に変えちゃいましょう。
なるべく、全体の作業が楽になって、電子帳簿保存法も問題ないようなソフトと業務フローを検討しましょう。

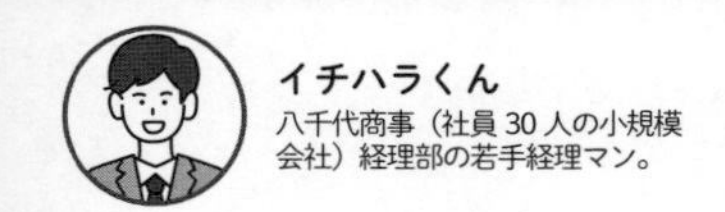
イチハラくん
八千代商事（社員 30 人の小規模会社）経理部の若手経理マン。
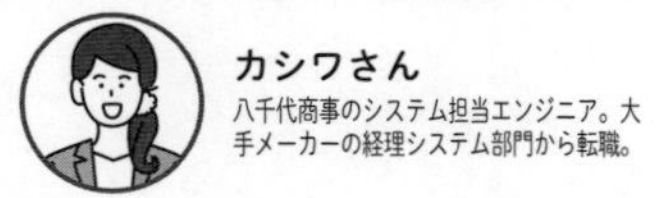
カシワさん
八千代商事のシステム担当エンジニア。大手メーカーの経理システム部門から転職。

■クラウド型の会計ソフトを使った業務フロー

クラウド型の会計ソフトはたくさん便利な機能がついていて、**業務効率化に役立つ仕組み**が満載です。ただし、従来の会計ソフトと異なり、**データを活用することを前提に設計**されているので、これをうまく活用するには、**業務フローの設計**が重要になります。

「**経理が知識でカバーして入力する**」というこれまでの会計ソフトの考え方とは少し異なりますので要注意です。作業のやり方の見直しから必要になります。

たとえばこの MK ソフトさんのソフトを導入する形で検討してみるわね。

ここで、当初挙げた電子帳簿保存法対応の課題がクラウド型の会計ソフトでどう対応できるか検討してみましょう。

【電子帳簿保存法の課題】

①請求書の発行は、現状営業部から売上伝票をもらって経理部が作成し、郵送しているが、**営業部が直接売上データを入力**し、データで請求書を送付して「**自己が作成する帳簿書類**」としてデータ保存したい

②仕入などの購買の請求書は経理に郵送で来ているものもあれば、メールで来ているものもある。今後、テレワークになることも考えると**郵送分**は「**スキャナ保存**」をし、**メール分**は「**電子取引**」としてデータ保存したい

③経費精算は、営業部員が「**スキャナ保存**」を使って、直接データで申請し、経理はデータをチェックするだけにしたい

カシワさんの考えた業務フロー

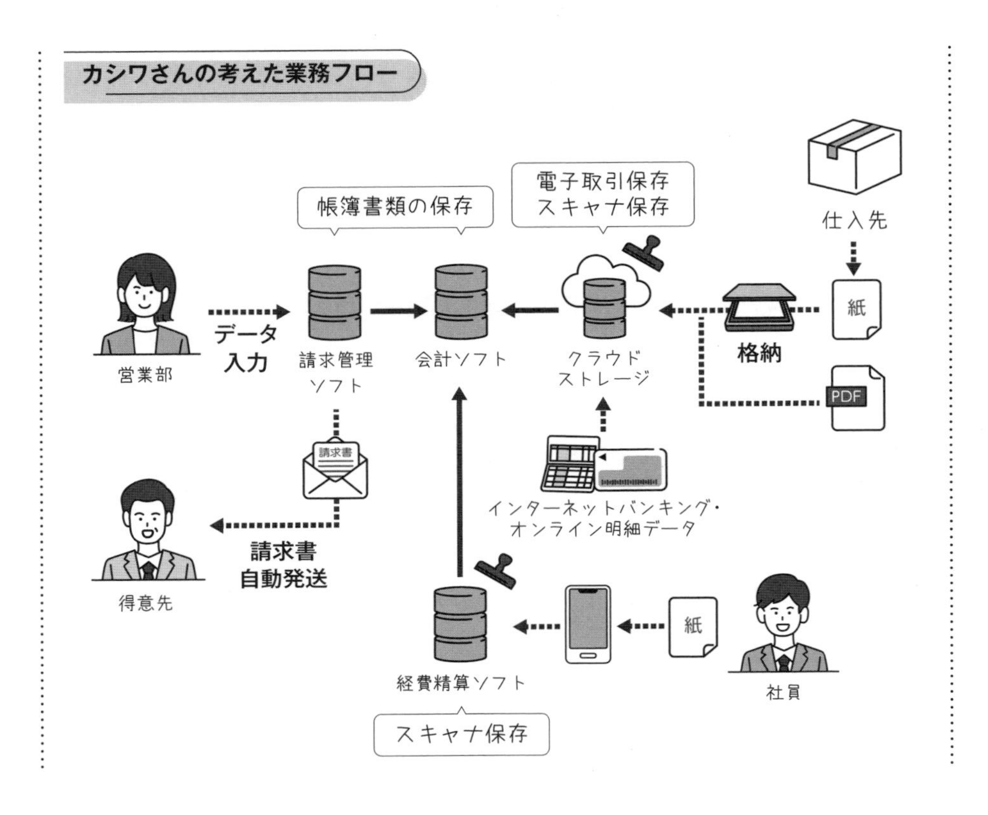

ソフト同士の連動だけじゃなく、**銀行のインターネットバンキングやクレジットカードのオンライン明細**とも連動できるから、アカウントがあれば、このデータも自動で取り込めるのよ。

わー、それは便利ですね。
いつも結構入力が大変なんですよね。

クラウドストレージも一般のストレージサービスではなく、**電子帳簿保存法対応ストレージ**なら、ファイルがきちんとリスト化されて検索機能も使えるし、タイムスタンプ機能もあるから、これで請求書までスキャナ保存ができるわね。

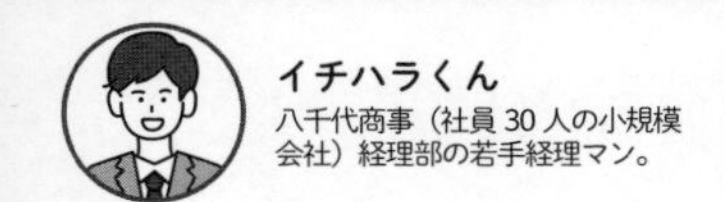
イチハラくん
八千代商事（社員 30 人の小規模会社）経理部の若手経理マン。

カシワさん
八千代商事のシステム担当エンジニア。大手メーカーの経理システム部門から転職。

■クラウド型の会計ソフトのその他の便利機能

こうしたクラウド型の会計ソフトの機能を使いこなせば、経理業務の大部分は電子帳簿保存法に対応できるだけでなく、効率化できそうです。

その他にもこんな便利機能があるんですよ。

- 法改正によるメンテナンス不要
- インターネット環境があればどこでもアクセス可能
- データ容量を気にせずデータ管理
- AI による入力サポート
- レジアプリなどの他のソフトとの連携が可能

AI って、なんかすごいですね。

データを取り込んだ時に、**過去のデータなどから勘定科目を推測**して入力してくれるのよ。
もちろん、完璧ではないけど、間違っているものだけ修正すればいいから、作業時間は短縮できるわ。

インボイス制度も始まるから、消費税の分類方法も変えないといけないし、メンテナンスがいらないのも助かるな。
そういえば、インボイス（適格請求書）の対応も考えないといけないですね。

まとめ

- クラウド型の会計ソフトはERP機能が手軽に利用できる
  他部署のデータもまとめて管理しよう
- 電子帳簿保存法対応ソフトを選択すればスキャナ保存もバッチリ
- 業務フローを検討し、自社に合うソフトを見つけよう

5 DXでインボイスはどうなるの？

～電子帳簿保存法とインボイス制度～

電子帳簿保存法の改正により、インボイス（適格請求書）の保存はどうなるのでしょうか。２つの法律の関係をみていきましょう

さっそくMKソフトの営業さんに連絡を取ってみたら、導入相談に乗ってもらえるということになりました。
それで、**インボイス（適格請求書）**はどう対策を考えていますかと聞かれたのですが…

インボイスの話は、基本的には**経理処理の話**だから、うちの仕事はそれほどないわね。

そうなんですが、営業さんが言うには、電子帳簿保存法上のデータ保存と適正なインボイスでは、**データの要件が違う**から、それを整理して、フローを考えた方がいいっていうことらしいんです。

なるほどね。確かに、そこのルールを作らないと、データ保存はできていてもインボイスになっていないってことも考えられるわね。

■インボイスの保存がいる部分を明確にしよう

電子帳簿保存法で義務化の対象となる電子取引のデータ保存は、もともと**法人税や所得税で青色申告の要件**としての帳簿書類の保存に関して、**データの保存方法**を定めた規定です。そのため、データの記載内容に関しては特に決まりがありません。

消費税に関しても電子帳簿保存法の適用範囲には含まれていますが、消費税については、**仕入税額控除の適用を受ける要件**として記載内容が定められた**インボイスの保存**が義務付けられることになりました。

つまり、電子帳簿保存法は**経費の裏付けとなる証拠資料の保存だけ**を求めていることに対し、インボイスでは**仕入税額控除の対象となる仕入れであることの証明**として、**記載事項が充足されている書類**の保存が求められているのです。

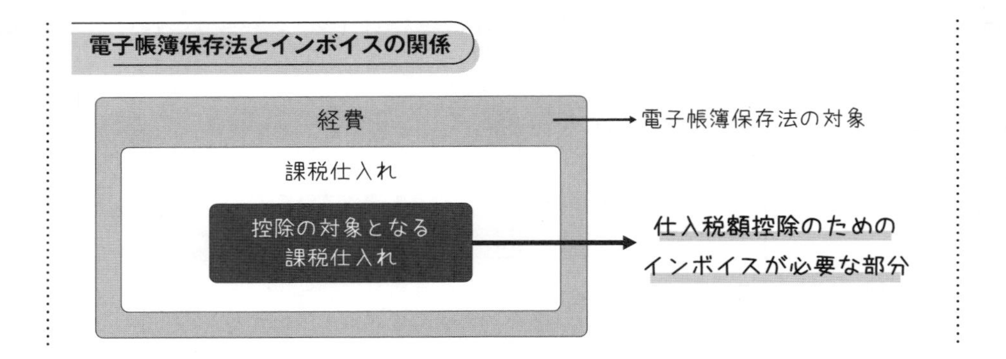

\ ワンポイント解説 /

【仕入税額控除とは？】
消費税の計算において、納税額を求める際に売上げの消費税から課税仕入れに係る消費税を控除額として控除する仕組みのこと。課税仕入れとは、消費税が課税されている費用（仕入や経費など）を指します。（詳しくは P.52 参照）

経費の全額が消費税の仕入税額控除の対象になっているわけではないから、**控除の対象になっているものについてだけ**、インボイスが必要ということなんですね。

インボイスの対象となっていない経過措置分に関しては、**区分記載請求書等保存方式**と同様の請求書がいるから（P.68 参照）、この部分については、フォーマットのチェックが必要ね。

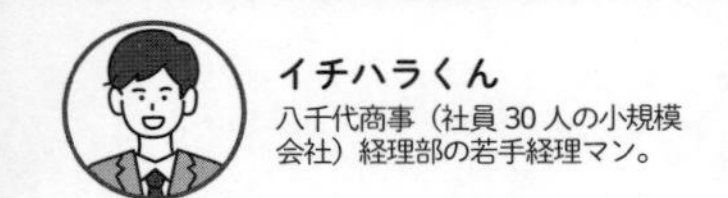
イチハラくん
八千代商事（社員 30 人の小規模会社）経理部の若手経理マン。

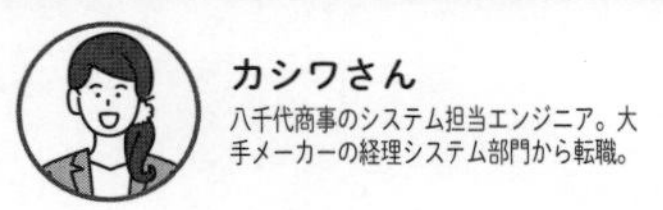
カシワさん
八千代商事のシステム担当エンジニア。大手メーカーの経理システム部門から転職。

■2つの法律のデータ要件の違いを整理しよう

それでは、いろいろなケースを想定して、何をどこまで保存すればいいのかを整理してみましょう。

データの形式等の違いによる保存方式の比較

データの形式等	電子帳簿保存法（電子取引）	インボイス制度
仕入税額控除を受けたい経費の請求書のデータ	フォーマットに関わらず保存 OK	**記載要件を満たしたもの**を保存（※）
ネットショッピング等の購入記録	すべてダウンロードして保存	仕入税額控除に関するものは、**記載要件を満たしたもの**を保存（※）
EDI システムのデータ	EDI のデータのまま保存	登録番号等、**不足情報が記載されている書面を別途発行**すれば、そのまま保存で OK
クレジットカード明細	PDF や CSV 等のファイルでの保存で OK	**インボイスではないので、不可。**別途、インボイスの要件を満たすレシート等を保存（※）
交通費の IC カードのデータ	会計ソフト等で取り込んだデータや CSV データでの保存で OK	**保存義務なし**（P.77 参照）
適格請求書等発行事業者以外の者からの請求書のデータ	フォーマットに関わらず保存 OK	**区分記載請求書等保存方式の要件を満たす**請求書を保存
課税仕入れに当たらない経費の請求書データ	フォーマットに関わらず保存 OK	保存要件なし
簡易課税や２割特例の場合	フォーマットに関わらず保存 OK	保存要件なし
紙でプリントして保存した場合	保存義務を満たさない	**紙の保存でも OK**

（※）基準期間における課税売上高が１億円以下等の要件に該当する場合に、令和５年 10 月１日から令和 11 年９月 30 日までに行う税込１万円未満の課税仕入れについては不要です（P.78 参照）

インボイスの要件では、データでもらったものを**紙でプリントしたものでも保存要件を満たす**んですね。
電子帳簿保存法では、データで受領した分は原則すべてデータ保存だから少し矛盾した感じがしますね。

消費税の規定では**書類（紙）とデータは並列関係**で記載されているので、どちらでもいいっていう解釈みたい。

難しいな…

たとえば、カード明細があるものは、カード明細をPDFファイルで取っておけば電子帳簿保存法上の保存を満たすけど、これだとインボイスの保存要件は満たさないじゃない？
だから、その場合には**レシートを別途、紙で持っていれば仕入税額控除の要件を満たす**ということじゃないかな。

なるほど、レシート自体は紙でもらっていればデータ保存の対象じゃないから、データになっていなくても問題ないのですね。

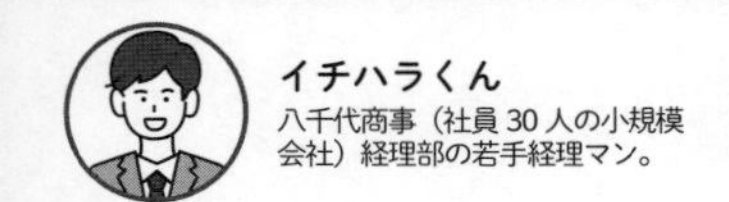
イチハラくん
八千代商事（社員 30 人の小規模会社）経理部の若手経理マン。
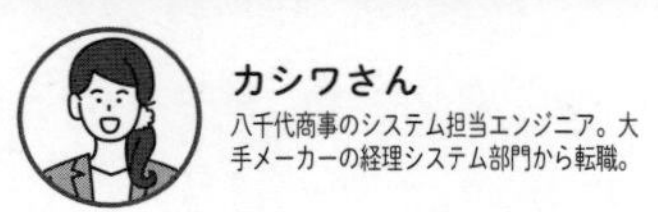
カシワさん
八千代商事のシステム担当エンジニア。大手メーカーの経理システム部門から転職。

■業務フローにインボイスのチェックを組み込もう

電子帳簿保存法によるデータ保存の不備は、青色申告の取消しとなる可能性があるものの、すぐに税額に影響が出る項目ではありません。これに対して、インボイスは**保存がなければすぐに税額に影響が出てしまう**ため、支払いの都度インボイスのチェックを行うフローを現状の業務フローに組み込まなければなりません。

経費精算分は申請者にお願いするとしても、請求払いの分はすべて経理でやらないといけないですね。
それに、カード決済分については、ソフトの利用料など**請求書をもらわないもの**もあるから、それについても経理でチェックして**明細をダウンロードして取っておかないといけない**のですね。

カード払いは担当者を決めて毎月インボイスをチェックするしかないんじゃないかな？
支払業務分は振込口座のチェック時にチェック項目として対応するとか……そこは正直システム化しようと思うと開発費がかかってしまうから、うちの規模だとマニュアル化して対応するしかないわね。

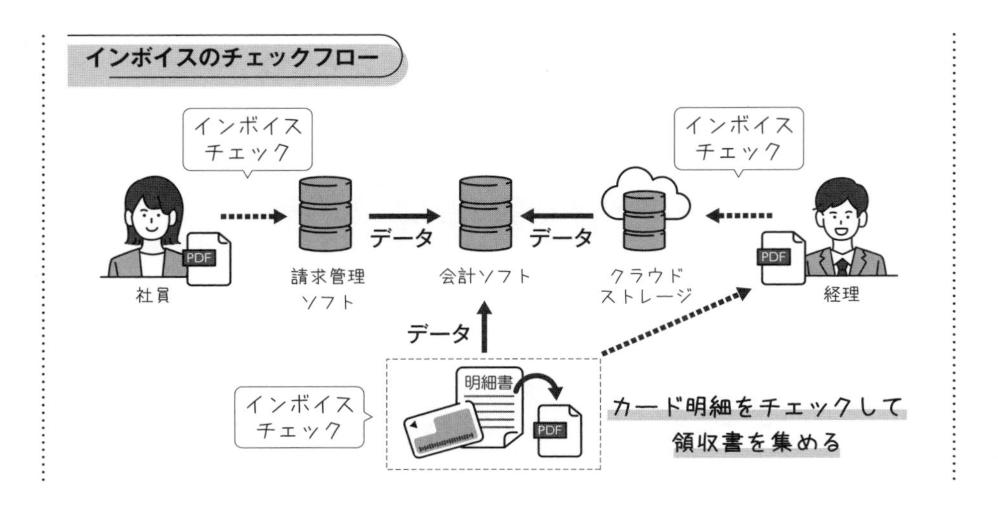

まとめ

- ☑ 電子帳簿保存法の保存とインボイスの保存の要件は異なる
  違いを整理して、それぞれ漏れのないように気を付ける
- ☑ インボイスは紙をプリントしたものでも要件は満たす
- ☑ 業務フローにインボイスのチェックをルール化する

6 インボイスもデータでのやり取りが可能になる？！

～電子文書の国際的な標準規格 Peppol（ペポル）と日本での運用～

実務に負担のかかるインボイス（適格請求書）。実は取引環境が大きく変わり、新たな取組みが始まっています。

よく考えると、インボイス（適格請求書）のチェックって、単に請求書に番号があるかどうかの確認だけじゃまずいんですよね？

厳密に言うと、書かれているインボイスの番号が正しいものかとか、きちんと登録があるのかを毎回国税庁のサイトで調べないといけないから、手作業での対応は厳しくなるのよね。

■インボイスをきちんとチェックしようとするのは難しい

インボイス制度における適格請求書発行事業者は、国税庁で管理する登録簿に登録されているか否かで判断します（P.60 参照）。

つまり、仕入税額控除が可能なインボイスであるかどうかは、**請求書の発行者が請求時点において登録簿に登録されているかどうか**を調べないといけないのです。

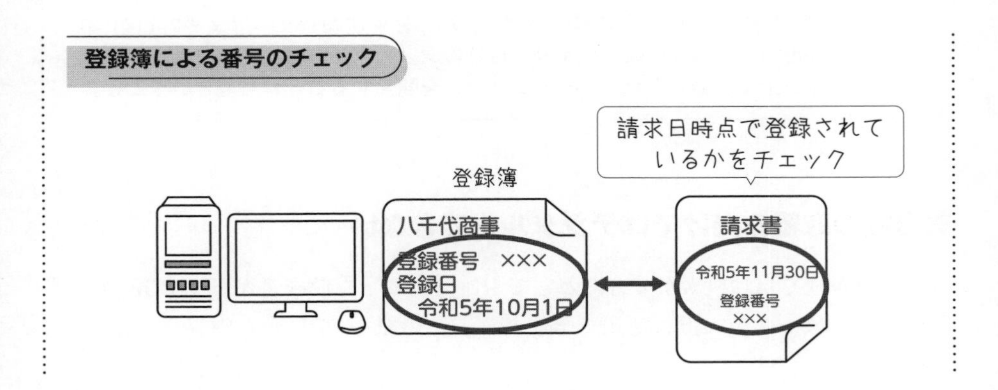

そのため、これを手作業で行う場合には、請求書の入力の都度「**適格請求書発行事業者公表サイト**」（P.64参照）で請求書上の登録番号を入力し、その番号の情報を確認しなければいけないこととなります。

1回1回請求書を全部調べないといけないなんて、実際ムリだと思うんですよ…
これってシステムとかでなんとかできないですかね？

国税庁からAPI（エーピーアイ）は公開されているから、自社で確認用のシステムを開発することは可能なのだけど…

だめなんですか？

経理システム自体をうちで開発しているわけじゃないし、一から開発するとなると高額なお金がかかってしまうのよ…

＼ワンポイント解説／

【APIとは？】
ソフトウェアの一部を外部に向けて公開することにより、別の社が開発したソフトウェアでその機能を共有できるようにする仕組みのこと。Application（アプリケーション） Programming（プログラミング） Interface（インターフェース）の略。つまり、自社のシステムから国税庁のサイトの情報にオンライン上で自動アクセスできるシステムを開発することが可能ということ。

■自社の取組みだけではデジタル化できない

お金をかけて自動検索ができたとしても、受け取った請求書が紙やPDFファイルのままではシステム上は活用できません。その紙やPDFから内容を読み取り、

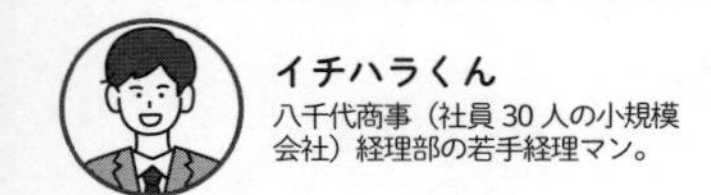
イチハラくん
八千代商事（社員 30 人の小規模会社）経理部の若手経理マン。
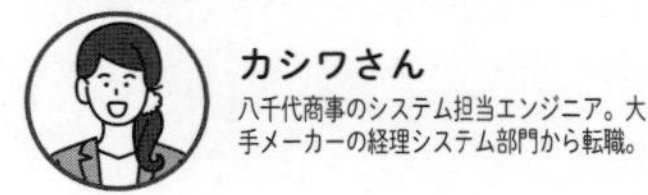
カシワさん
八千代商事のシステム担当エンジニア。大手メーカーの経理システム部門から転職。

カマタさん
会計ソフト「MK ソフト」の営業担当。電子帳簿保存法に詳しい。

文字を解析して**データ化する作業が必要になります。それができて初めてデータとして活用できるので、請求データ自体がもともとデータでなければ、完全なデジタル化ができているとはいえません。**結局、支払業務に係る処理を完全にデータの管理だけで行うようにすることは、自社の取組みだけでは限界があるのです。

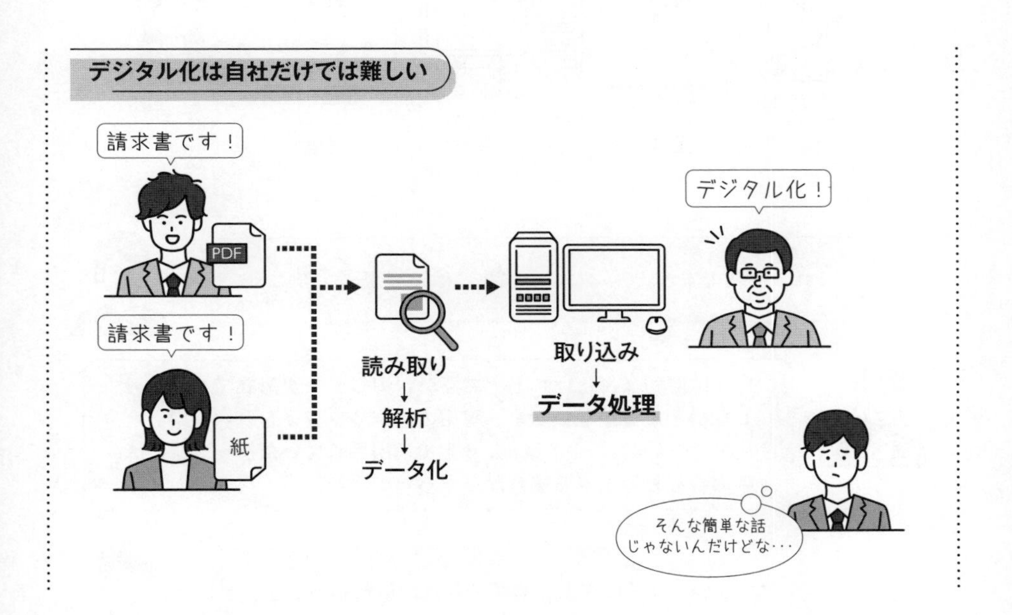
デジタル化は自社だけでは難しい
請求書です！
PDF
請求書です！
紙
読み取り
解析
データ化
取り込み
データ処理
デジタル化！
そんな簡単な話
じゃないんだけどな・・・

請求業務をすべてデータの送受信だけで終わらせることができれば、経理処理のプロセス自体が大幅に効率化できます。これまでも、そうした取組みはなかったわけではありません。その代表的な技術が受発注をデジタル化したシステム、**ＥＤＩ**（イーディーアイ）（P.80 参照）です。

EDIの仕組み

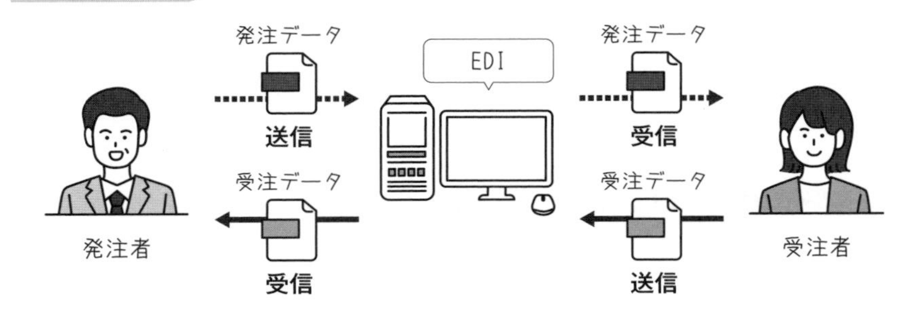

これ、便利ですね。みんなこれにすれば処理が楽なのに…

EDIは便利なんだけれど、**お互いが同じデータ形式でやり取りしないと意味がない**から、専用の端末やソフトを入れないと利用できないの。だから、これまで利用されていたケースは、**大手の会社と取引する場合**が多かったのよね。

なるほど、うちのような規模の会社では難しいなぁ。

紙をPDF化したりすることは、「電子化」（デジタイゼーション Digitization）といって、単に紙の作業を多少効率化しているだけで、データの活用まではできてないの。
すべての情報が**「デジタル化」（デジタライゼーション Digitalization）**することが重要なんだけど、それには**社会を巻き込んでいかない**と変わらないのよね。

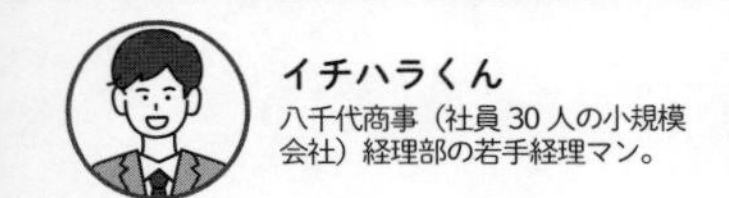
イチハラくん
八千代商事（社員 30 人の小規模会社）経理部の若手経理マン。

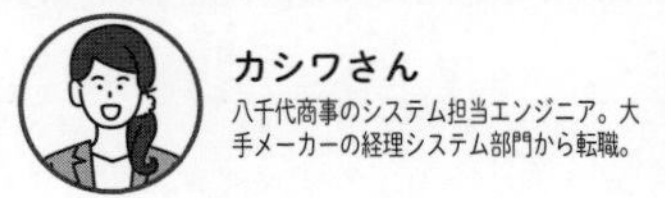
カシワさん
八千代商事のシステム担当エンジニア。大手メーカーの経理システム部門から転職。

カマタさん
会計ソフト「MK ソフト」の営業担当。電子帳簿保存法に詳しい。

■社会全体をデジタル化していこう！

これまで日本では、諸外国に比べて**デジタル化の遅れが深刻な問題**となっていました。

それと同時に、このたび法制化されたインボイス制度は、これまでの紙の授受による**手作業が中心の経理処理では対応できない**ところまで来ています。こうした点を踏まえて、インボイス制度の始まりを契機として、**社会全体をデジタル化していく取組み**が多くの民間企業を中心に立ち上がりました。それが「**デジタルインボイス**」の取組みです。

デジタルインボイスは、**請求書自体を統一仕様のデータで簡単に送受信できるような仕組み**なの。
国内統一仕様ができれば、それを自社のソフトに組み込むだけで他社のソフトともデータの送受信ができるようになるから、専用ソフトもいらないの。

それって、うちの会計ソフトでもデータの送受信ができるようになるってことですよね？
すごい！ 画期的だなー！！

■デジタルインボイスってなんだろう？

デジタルインボイスは、**バックオフィスの生産性向上**のために業務のプロセスから見直し、「**デジタル化**」を目指すためのツールです。

これまで、特定の受発注業務にのみ利用されていたEDIと同様に企業のバックオフィスシステムを通じて**インボイスデータを相互に送受信する**ことで、請求書の発送や請求データの入力、紙データのファイル化やタイムスタンプの付与など、**多くの事務処理をなくすことができる**ものとして期待されています。

政府は、こうしたシステムが一般的に取り入れられることにより、社会全体の業務効率化が図られるようになる**デジタル・トランスフォーメーション（Digital Transformation（DX））**を目指しています。

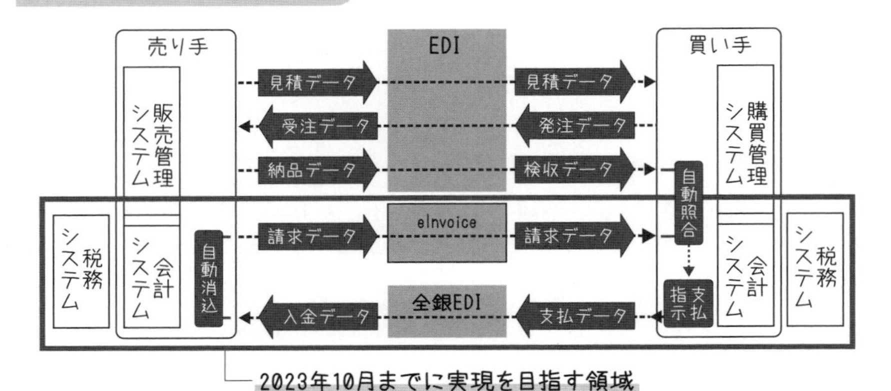

（出典：デジタルインボイス推進協議会HP「デジタルインボイスとは」）

デジタルインボイスは、単なるインボイスの送受信システムだけでなく、**銀行口座を通じた支払業務や入金確認の際もデータを特定できる**から、会計システム内でこうした作業を**自動的**に行うことができるようになるのよ。

データそのものが送受信できるようになると、多くの業務でデータが活用できるようになるんですね。

■デジタルインボイスは未来の技術ではない

デジタル化による業務効率化ができれば、イチハラくんの残業も減り、ノダ部長も大喜び……そんな未来が訪れる鍵となるツール、デジタルインボイスですが、実際のサービス開始までもう少し。ちょっとだけ、その仕組みをMKソフトのカマタさんに聞いてみました。

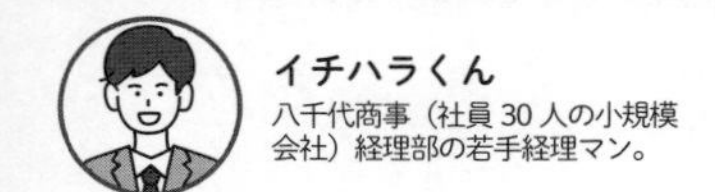

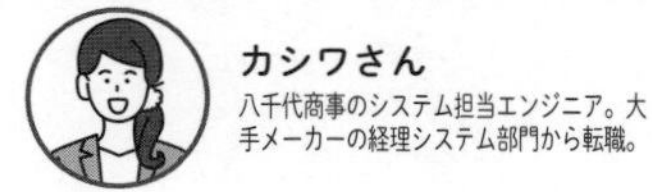

デジタルインボイスは、デジタル庁の主導のもと、デジタルインボイス推進協議会（EIPA）という団体がサポートする形で、世界的な標準仕様を基に日本におけるデジタルインボイスの標準仕様の策定を行っています。

Peppolの仕組み

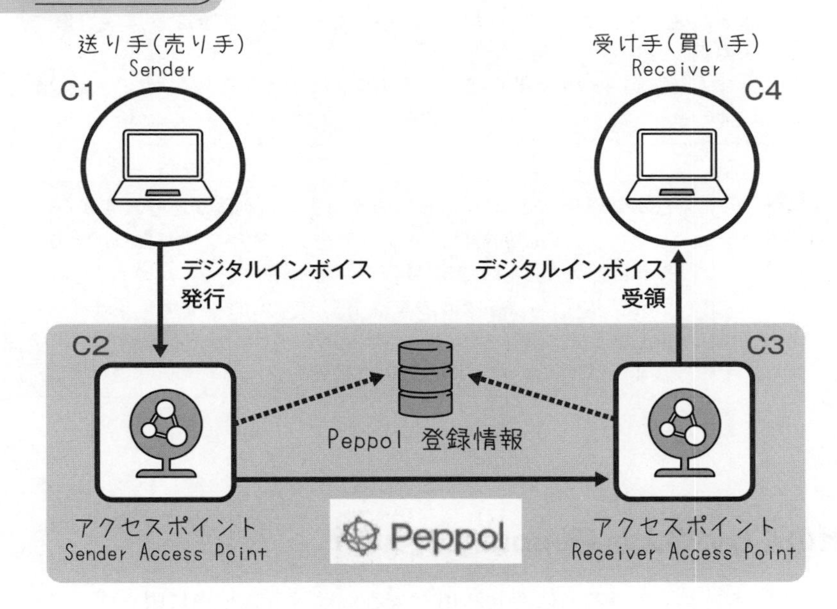

① ユーザー(売り手(C1))は、自らのアクセスポイント(C2)を通じ、Peppolネットワークに接続。

② 買い手のアクセスポイント(C3)にインボイスデータを送信

③ 買い手(C4)に届く

※売り手のアクセスポイント(C2)と買い手のアクセスポイント(C3)との間でやり取りされる日本におけるデジタルインボイスの標準仕様が**「JP PINT」**

※Peppol(Pan European Public Procurement Online の略)

(出典：デジタルインボイス推進協議会HP「デジタルインボイスとは」一部筆者加筆。)

Peppolのユーザーは、**アクセスポイントを経て、ネットワークに接続**することで、Peppolネットワークに参加するすべてのユーザーとデジタルインボイスをやり取りすることができるのです。
インターネットプロバイダーを経由してメールを取りに行くのと同じようなイメージですね。

なるほど。メールもプロバイダが違っていてもやり取りできますもんね。
でも、なんで、国際的な標準規格があるのに、そのまま使えないんですか？

日本の場合には、前提に**日本のインボイス制度**がありますから、インボイスの記載要件に関するデータをすべてやり取りできなければ意味がないですよね。
デジタル庁は、Peppolのネットワークを使ってデジタルインボイスを送受信するため、日本におけるデジタルインボイスの標準仕様である**JP PINTという仕様**を作っているんですよ。

■どのくらいの人がPeppolを使うの？

デジタルインボイスが本当に有効活用できるには、**事業規模に限らず、すべての事業者が利用すること**が望ましいといえます。

実際のところ、Peppolのユーザーはどれくらいが想定されているのでしょうか？

EIPA の会員一覧を参照してもらえばわかるとおり、国内のほとんどの会計・経理システムに関わる企業がこの取組みに賛同しています（https://www.eipa.jp/）。
また、行政サービスに関するデジタル化政策の監督官庁である**デジタル庁**でも **JP PINT** を日本における標準仕様とすることで進めていますから、デジタルインボイスを導入する際は Peppol が利用できれば、問題なく日本中でデジタルインボイスをやり取りできるようになりますよ！

まとめ

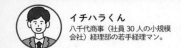

- 単なる電子化ではなく、これからはデジタル化でデータの有効活用を
- デジタルインボイスは JP PINT が日本における標準仕様に

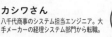

7 Peppolで広がる世界のマーケット

～海外の事例に学ぶデジタルインボイスのミライ～

国際的な標準規格であるPeppol。国内だけでなくこれからは海外と直接やりとりできる時代がおとずれるかも？

Peppolって海外でも使われているんですよね？

Peppolは欧州各国のみならず、オーストラリア、ニュージーランドやシンガポールなどの欧州域外の国も含め30ヵ国以上で採用されている国際的な標準規格なのよ。

カシワさんって、なんでも知ってるんですね。
海外では普及しているんですか？

デジタルインボイスそのものを義務化している国もあるし、これから義務化しようとしている国もあるのよ。

■ EUにおける国境を超えたインフラの必要性

Peppolは当初EU内における国境を超えた**公共調達をサポートするための共通仕様**として生まれました。言語や慣習の異なる地域間での取引において、取引を活発化させるためには、共通プラットフォームを用意するのではなく、**異なるシステム間で相互に運用できる仕様を公開**し、各国のベンダーがそれを実装することで、手軽に入札に参入できる企業が増え、調達コストが下がることが期待されたのです。

イチハラくん
八千代商事（社員 30 人の小規模会社）経理部の若手経理マン。

カシワさん
八千代商事のシステム担当エンジニア。大手メーカーの経理システム部門から転職。

ノダ部長
八千代商事の経理部長。経理のプロだが IT は苦手。

国際的な標準規格の必要性

【共通システムの場合】

統一システム
アクセス
入札可
システムわかんないデース！

【標準規格の場合】

標準規格
入札可
うちの国のソフトでも入札できマース！

日本が Peppol を採用したのも、将来的にはグローバルに電子文書をやりとりするネットワークである Peppol を通じて海外とも直接データで取引できる可能性を視野に入れてのことなの。

それじゃあ、いつかはうちみたいな小さい企業でも海外の企業と Peppol を通じてデジタルインボイスを発行しあう、そんな時代が来るかもしれないんですね。

■海外での Peppol を巡る動き

諸外国では、すでに Peppol を実装したデジタルインボイス制度が稼働しています。

たとえば、オーストラリアとニュージーランドは 2019 年に双方で Peppol を導入し、**両国間でのシームレスな取引を実現**しています。シンガポールでは、2018 年に自身が参加しただけではなく、**デジタルインボイス導入に関心がある ASEAN 地域の近隣諸国を支援**し、国境を超えた事業活動促進のために活動しています。

デジタルインボイスは単に業務の効率化のためじゃなく、将来的には海外との取引チャンスが広がる画期的なツールになるかもしれないんですね。

そうなのよ。私ももっと勉強してブログを充実させないと。海外とも簡単に取引できるようになるまでにフォロワーをもっと増やさなきゃ。

あ、そういえば、カシワさんってインフルエンサーだったんだ！

- ☑ Peppol は 30 ヵ国以上で利用される国際的な標準規格
- ☑ デジタルインボイスで海外とも簡単にアクセスできるミライが訪れるかもしれない

やってみたコラム③

個人事業者だからできるDX

本章で紹介した最新の会計ソフトを使いこなすには、単にソフトを導入するだけでは意味がありません。特に筆者のような個人事業者は、生活スタイルを「**記帳を楽にする**」に主軸を置きツールを使いこなすことが重要です。以下、**私的DXの秘密**を公開しましょう。

【記帳業務を楽にする私的DXのための生活スタイル】
- 売上は会計ソフトに連動できる請求管理ソフトで管理
- 請求支払は振込により、必ず口座を経由する
- なるべくカード払い、クレジットカードは会計ソフトと連携できるもののみ利用する
- モバイルSuicaも会計ソフトと連携させ、チャージもカード振替のみ
- 現金を使ったら、財布からレシートを出すときにアプリでアップロード
- 税金の支払いも電子納税（カードやペイジーなど）で

ポイントは、「**とにかく徹底して現金を使わない**」ことです。

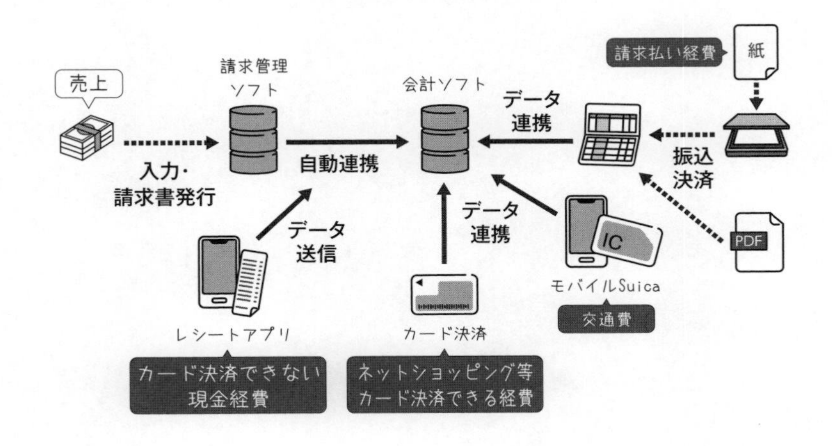

現金を使わないことを徹底すると、**煩わしい入力作業が激減**するだけでなく、カードなどさまざまな決済手段で**ポイント**が付くので一石二鳥。生活スタイルを変えたことで、旅好きな私は、常に飛行機代のかからない旅行を実現できています！生活スタイルから見直して、経理業務のＤＸでお得なライフスタイルをしてみませんか？

第4章

電子帳簿保存法とインボイス制度対応のQ&A

ここまでの各章では、電子帳簿保存法とインボイス制度対応について、制度の概要や気を付けたいポイントをできるだけわかりやすく解説してきました。しかし、まだまだ理解が難しい点が多くあると思います。そこで本章では、より実務的な視点で疑問点を掘り下げていくために、税理士の小島孝子先生、株式会社マネーフォワードの松岡俊氏、野永裕希氏にお集まりいただき、同社に事前に寄せられた質問に対して回答を行う一問一答形式の座談会をお届けします（座談会は2022年4月27日に開催し、書籍収録にあたり適宜加筆修正を行いました）。

参加者　プロフィール

小島 孝子

税理士

早稲田大学社会科学部卒、青山学院大学会計プロフェッション研究科修了。

大学在学中から地元会計事務所に勤務した後、都内税理士法人、大手税理士受験対策校講師、一般経理職に従事したのち2010年に小島孝子税理士事務所を設立。会計事務所、経理職員向け税務・経理に関するセミナー多数担当。

松岡 俊

株式会社マネーフォワード
執行役員 経理本部本部長

中小企業診断士、税理士及び公認会計士試験に合格。

『マネーフォワード クラウド』を活用した決算早期化やリモートワーク等、各種改善を実行。

野永 裕希

株式会社マネーフォワード
ビジネスカンパニー クラウド横断本部

『マネーフォワード クラウド』全体の電子帳簿保存法に関する助言や体制整備、運用確認に従事。

その他、電子帳簿保存法に関するセミナー登壇などを多数担当。

はじめに これだけは確認しておきたいQ&A

野永裕希氏（以下、「野永」）

お忙しいところ皆様お集まりいただきありがとうございます。今回の座談会の司会進行を務めます、マネーフォワードの野永です。本日は、電子帳簿保存法とインボイス対応について、当社に事前に寄せられた質問のなかから「**ここは重要**」というものをピックアップして、一問一答形式で進めてまいります。小島先生、松岡さん、本日はよろしくお願いいたします。

小島孝子氏（以下、「小島」）

税理士の小島です。よろしくお願いいたします。**電子帳簿保存法**、それから**インボイス制度**という**2つの大きな税法上の流れが変わる大改正**が入りますが、なかなかわからないことが多いという方がいらっしゃると思います。私もいろいろな質問をいただくのですが、まだまだわかっていない部分もたくさんありますので、今日はそのあたりも含めて、ざっくばらんにお話しできればと思っております。よろしくお願いいたします。

松岡俊氏（以下、「松岡」）

マネーフォワードで経理本部の責任者をしております、松岡です。よろしくお願いいたします。電子帳簿保存法とインボイス制度に関しましては実務上、非常に判断が悩ましいという論点が多くあります。本日はこの座談会の中で、それらの解決のヒントとなるようなお話ができればと思っております。よろしくお願いいたします。

Q1 スキャナ保存制度の対象となる書類とは？

電子帳簿保存法編

電子帳簿保存法に関して、「スキャナ保存制度の対象となる書類とは？」という質問をセミナーでも多く頂いています。小島先生、いかがでしょうか。

A1

はい。スキャナ保存の対象となる書類は、たとえば紙でもらった請求書や領収証、レシートなどです。それらは普段、紙のままファイリングして保存されていると思いますが、そうではなくて**複合機などでスキャンしてPDFデータとして保存することができるという制度が、スキャナ保存制度**です。

最近ですと、経費精算の申請でスマートフォンを用いるケースが多いかと思います。**スマートフォン**での撮影もスキャナ保存といえるのでしょうか。

スマートフォンはもちろんですし、**デジタルカメラ**で撮影した写真データに関しても、スキャナ保存の対象となります。ただし、画像の要件として解像度200dpi以上、カラー画像による読み取りができることなどが示されています。

そうですね、やはり解像度の要件がスキャナ保存の場合はどうしても残ってしまうというところがあるので、そこをしっかりと担保することが実務的には重要ではないでしょうか。電子帳簿保存法の要件を満たした設定で撮影、保存ができるアプリもありますから、そういったものをご活用いただくのも実務上の対応のひとつかと思います。

ありがとうございます。

（注）令和６年１月１日以後は、一部の要件は廃止されます。

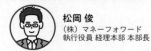

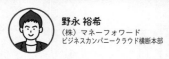

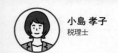

Q2 何を満たせば原本の即時廃棄が可能か？

電子帳簿保存法編

「スキャナ保存後、どういった要件を満たしたら原本の廃棄が可能か？」という質問です。現場としては簡素化のため、スキャナ保存をしたら原本を即時廃棄してよいという社内ルールにしたいが、そのための要件が知りたいという声が多いのですが。

A2

基本的にスキャナ保存制度には、**データ化したものが原本となる**という定めがありますので、保存したデータ自体が適正なものであれば、紙は保存をしておく必要はないというのが本来の考え方となります。

しかしここが難しいところで、先ほどQ1で出た解像度要件のように、一旦データとして保存したものの、**あとから調べたら実は保存要件を満たしていなかった、**ということが今後出てくる可能性があるんですね。そうなると、原本を破棄してしまった後ではもう一度撮影のしようがありませんから、対策として会社ごとに原本の保存のルールをつくっていただくなり、そういった対応が必要になってくるように思います。

皆さんのご参考にお伺いしたいのですが、マネーフォワードさんはどのような運用をしていますか？

(注) 令和6年1月1日以後は、解像度等の一部の要件は廃止されます。

当社の場合は、スキャナ保存の書類については、現場部署からの申請時に要件を満たしていない場合はエラーになる設定をシステム上することで事前コントロールを強化しています。一方、解像度等は要件を満たしているが、情報が視認できないといった問題がある可能性もあるため、経理承認完了までは各部署で念のため保管しておくという運用をしています。

それから、内部統制上、通常起こらないことかとは思うのですが、どうしても**改ざん等のリスク等**は残っておりますので、**サンプリングのような形でチェック**を行っております。

ただ、当社のお客様からはデータ化したあとも「継続して紙もすべて回収します」、もしくは全く回収せずにスキャン直後に「全部捨てます」など、両極端な事例を伺うことがあるのです。小島先生、何かお勧めの運用方法などはありますか。

小島

データ化して保存したものの、それがきちんと要件を満たしているのかという点はどうしても不安になりますよね。絶対にやるべきことは、まず経理規程の中で、スキャナ保存を行うタイミングを決めていただいて、経理部なりでその**適正性をチェックするという体制を月々の業務フローの中に入れていただく**ことだと思います。

ただ、スキャナ保存については新しい法律ですからまだ事例の蓄積がなく、「こうすれば正解」というのが断言できない部分が正直あると思います。ですから、この制度の主旨からすると紙とデータの併存というのはちょっと違うのかもしれませんが、不安な方は、実務がある程度定着するまでの１～２年ぐらいは従来どおり紙もファイリングして保存しておくといった対応も考えてもよいのかもしれません。

松岡

ありがとうございます。

Q3 メールやウェブ上で受領したデータはどのように保存すればよいか？

電子帳簿保存法編

それでは、メールやウェブ上で受領したデータをどのように保存すればよいのでしょうか？

データを受け取るときは、**請求書をPDF化したものがメールに添付されて届く**、あるいは**クラウドストレージのファイル共有URLが記載されている**というケースが多いと思います。このようなケースであれば、メール経由でPDFデータをダウンロードしていただいて、メール本文とは切り離してPDFデータだけ保存しておいていただくという形で問題ありません。

なるほど。では、PDF添付ではなくてメールの**本文にテキストで情報が記載されている**というケースもありますよね。この場合はいかがでしょうか。

その場合も、メールの本文自体を、たとえばパソコンでPDF化するなどデータ化をしておいていただいて、**他の請求書と同じような形で保存**しておいていただければ大丈夫です。メールをPDF化せず、受信ボックスに置いたままでも当然データとしては残っているかもしれませんが、埋もれたりして探せなくなってしまうおそれがあります。

法律上も、**当該データはすぐに検索して探し出せるような状況にしておかなければいけない**という決まりがありますので、もし本文のほうをどうしても保存しておかなければいけない状況があるのであれば、請求情報が記載されたメールをもらったらすぐにPDF化するというルールを会社で作っておくのがよいと思います。

Q4 取引先からデータ（PDF）と紙で請求書を受領した場合の取扱いについて知りたいのだが？

何が原本になるのかという疑問は尽きないところですが、「取引先からデータ（PDF）が送られてきて、その後に同じ内容の紙が届いた場合、それをどう管理したらいいのか」という問いについてはいかがでしょうか。電子と紙の重複をどう処理すべきでしょうか。

A4

法律の中身を整理しますと、**データでもらったものはデータで保存してください、ということしか義務付けられていません**。これはつまり、紙の領収書をもらった場合は従来どおり紙で保存しておくということも、違法ではないという状況を意味します。まずそこをひとつ理解しておく必要があります。今回の場合は両方届いてしまったという、ちょっとイレギュラーなケースということですよね。この場合は、現状の理屈でいくと、**両方とも正本**という取扱いとして法律上は問題ないだろうと思われます。

ただ、同じ内容のものが２つありますと会社内で仕訳データとの結びつきが整理できない部分にはなるので、最終的には**どちらが正本になるのかということを決めていただいたうえで社内規程へ盛り込み、それを保存**しておくという形になるかと思います。

そうですね。まずは二重計上にならないように、という対応が必要かと思うのですが、たとえば取引先に「**紙と電子、両方は送らないでください**」というような調整も今後は必要になってきそうですね。

　おっしゃるとおりですね。なお、税務通信の記者さんが取材したところによると、紙の領収書について**印紙税法上は納付義務はあっても領収書そのものの保存義務はない**ようなので、収入印紙を買って貼り付けた時点で納付義務は果たすようです。そのため、紙をスキャナ保存したので原本を破棄する、ということは可能だそうです。ただし、その後に貼り付けのミスがあり還付したいと言っても、データでは還付は受け付けないとのことです。

ありがとうございます。

Q5 改ざん防止のためのタイムスタンプに関して、どのような対応が必要か？

電子帳簿保存法編

「デジタルデータの改ざん防止のためのタイムスタンプについて、どのような対応が必要か？」という質問です。そもそもタイムスタンプはなぜ必要なのか、タイムスタンプによって何が担保されるのか、そのあたりもご教示いただけないでしょうか。

A5

タイムスタンプというと、紙にハンコか何かを押してからスキャンすればよいのかと思われるかもしれませんが、そうではありません。

紙と比べ、データは改ざんリスクが高いので、**この日時以降改ざんが行われていないことを証明するために写真やPDFに時刻データを埋め込む仕組み**がタイムスタンプです。

写真を撮影した日時をごまかしたり、PDFの作成日時を改ざんしたりといったことを防ぐための仕組みということですね。

セミナーでも実際に「紙にハンコを押すんですか？」という質問や、それから「複合機等でPDFを作成する際に印字される時刻で代替できないのか」という質問もいただくのですが、そうではないということですね。

そうですね。何かしらPDFや写真に日付が印字されていればいいという話ではなくて、第三者の認定が必要ということです。**「時刻認証業務認定事業者」（TSA）から付与されたタイムスタンプを押した上で保存**することが必要になります。実際のところは、ベンダーさんで認証を受けたタイムスタンプをきちんと使っている会計ソフトなどを選んでいただいて保存を行っていくというような流れになるのかと思います。

きちんと認定事業者のタイムスタンプ、あるいはそれに対応したソフトを利用するというところがポイントですね。

そうですね。

ありがとうございます。

Q6 検索要件とは？

「帳簿や書類の検索要件とは何か」という質問です。どのように整えたらよいのでしょうか。

A6

まず、税務調査などで調査官が来た場合、従来の業務イメージとしては、証憑（しょうひょう）として帳簿や年月別にラベリングして保管してある請求書や領収書のファイルを用意しますが、電子帳簿保存法を適用するにあたっては、用意するものがすべてデータに置き換わります。

では、データの場合、たとえば調査官から「この取引を調べたい」と言われた際、何を見たらいいのかという話になります。データは紙のファイルのように背表紙にラベリングができませんので、たとえば**データを保存しているフォルダをしっかり整理して、どこに目当てのものが入っているのかというのをすぐにわかるような形で保管をしておくこと**が義務付けられているということ、これが「**検索要件**」です。

具体的には、どういった項目をキーとして検索ができればよいのでしょうか。

国税庁の『電子帳簿保存法一問一答【電子取引関係】』（令和３年 12 月）によると、検索機能については３つの要件が求められています。まず、①**取引年月日その他の日付、取引金額、取引先を検索の条件**として設定することができること、それから②日付又は金額に係る記録項目については、**その範囲を指定して条件を設定することができること**、最後に、③**２つ以上の任意の記録項目を組み合わせて条件を設定すること**ができること、です。②、③の要件は税務調査の際にダウンロードの求めに応

じることができれば不要なので、最低限、日付、金額、取引先の情報をキーにして検索ができるようになっていれば、法律上の要件は満たしているという取扱いになるかと思います。

そうなると、システムにファイルをアップロードする際に、検索ができるよう、それらの情報をしっかりと入れた上で行う必要があるというわけですね。

そうですね。あとはそれ専用のソフトウェア等を使用していない場合でも、たとえば、**エクセル等で、今申し上げた取引データに係る取引年月日その他の日付、取引金額、取引先の情報を入力した一覧表を作成**しておいて、エクセル上で、入力された項目間で範囲指定、２項目以上の組み合わせで条件設定の上抽出が可能であれば、要件をクリアするものと考えてよいと示されています。

ただ、この方法で保存する場合には、**エクセル等の一覧表の通し番号を付す**などして、一覧表から取引データを検索できるようにする必要があるとされていまして、なかなかそこまでは難しいのかなという感じもします。

当社の場合、クラウド上で、今おっしゃっていただいた年月日と取引金額と取引先で検索できるような形で整理しています。国税庁が求めている要件ではありますが、それ以外でも、たとえば実務でも社長から突然「この取引先に対して去年12カ月でいくら払っているのか、１時間以内に教えて欲しい」みたいな指示がくることはありますよね。そうしたときに、**必要なデータをすぐ取り出せるようにしておくことは経理実務上も非常に有効**だと思います。ぜひこの要件を、国税庁のために何かやらなければいけないというよりは、経理実務の改善の観点からも、前向きにご対応いただくといいのではないかなと、個人的には思っています。

制度への対応という側面だけでなく、データを使える状態で管理しておくためにも、検索要件を満たしておくと実務上も非常にメリットがあるということですね。

そうですね。あとは、このあたりは担当者によるのかもしれませんが、特に中小企業や、社長おひとりで動いているような会社ですと、国税庁のガイドどおりに細かくエクセルを更新して自分で整理しておくというのが難しい環境にある方も多いと思います。そういった意味ではマネーフォワードさんが提供しているような会計システムをうまく利用していただくほうが、実務として現実的なのかもしれませんね。

なお、検索要件については、一部の小規模事業者について適用しない旨が定められています。詳しくはP.40を参照してください。

ありがとうございます。

Q7 クラウドFAXで電子ファイルとして受領した書類はデータとして取り扱うことで問題ないか？

電子帳簿保存法編

クラウドFAXでPDFなど電子ファイルとして受領した書類について伺います。送付元は紙で送って来ているけれども受け取った瞬間はデータになっているというケースです。これは電子帳簿保存法上、スキャナ保存と電子取引のどちらに該当するのでしょうか。ここの入口が違うと後続の手続き等も変わってくるのですが、いかがでしょうか。

これはあくまで受け取り方の問題でして、通常のFAXであれば受信者はFAX本体から紙で出力された書類を受け取るという形になるので、この場合は紙で受け取った書類となります。ところが、今おっしゃったように、クラウドFAXというものがあります。**送信者が紙をFAXに読み込ませて送ったものでも、受信者がWeb-FAXなどの何らかのツールによって紙を出力せずPDFファイル等でFAXを受信するというもの**ですね。こういったものを利用する場合は、データをもらったという形になりますので、そのままPDFで受け取ったものをPDFで保存しておくという点で、電子帳簿保存法上の**電子取引に該当**します。

FAXというと何となく紙というイメージがありますが、あくまで「**受領した瞬間に電子かどうか**」というところがポイントになるのですね。ありがとうございます。

Q8 電子取引かどうかの判断は申請者を信じるしかないという認識でよいか？

「電子取引かどうかの判断は、申請者を信じるしかないのでしょうか」という質問が多く寄せられています。これは経理側に送られてきたPDFが、申請者が会社の中でスキャンをしたものなのか、はたまたメール添付で外部から届いたものなのか、申請者に聞かないと、なかなかパッと見ではわからないからです。電子取引なのかスキャナ保存なのかで後続の手続きが大きく変わってきますので、このようなケースではどういった実務的な対応をすればいいのかという趣旨だと思います。こちらいかがでしょうか。

これは、実際に考えられるところですね。請求書の発行側が、紙でプリントしたものを、自身でスキャンしてPDFをメール添付で送ってくるという可能性は、おそらくゼロではないと思うんですね。そうなった場合に、これが電子取引かどうかという観点でいけば、**メールで届いたという事実があれば、これは電子取引には該当します。**

ただ、今おっしゃったように経理側に届いたPDFが、申請者が自分でスキャンしたPDFなのか、それとも外部からメール添付されてきたものなのかというのは、これはなかなか判別がしづらいですよね。こういった細かい話にどこまで税務署側が言及してくるのかというのは、なかなかここでは答えが出せない部分だとは思います。想像の域を出ませんが、可能性のひとつとして、たとえば税務調査の際に「**外部から受領したものであれば、元のメールのデータを見せてください**」と言われる可能性もゼロではないのかなと思われます。

申請者が外部から受信したメールまですべて保存というのは、実務的に担当者レベルではなかなか難しいというところで、悩まれている方も非常に多いようです。

そうですね。逆に伺いたいのですが、電子取引かスキャナ保存かの判断ができないような場合もあるかと思いますが、それをシステム等で技術的に解決できるような見通しはあるのでしょうか。

当社の製品として「マネーフォワード クラウド経費」「マネーフォワード クラウド債務支払」というサービスがあります。その中で申請者が、ファイルを添付する際に、データで受領したもの（電子取引）か紙で受領したもの（スキャナ保存）かを選択できる項目を設置し、受領者自身に申告をしてもらいます。その際に、申請者が判別しやすいように、自動取得した場合は電子取引、スマートフォンの専用アプリで撮影した場合はスキャナ保存というのを、デフォルトでセットします。

たとえば、「マネーフォワード クラウド経費」では航空会社等の領収書を自動取得することができるのですが、その場合は自動的に「電子取引」としてシステム側で判断します。できる限り、受領者にも選択する負荷をかけないようにシステム側でサジェストをしたいと考えております。

この実装にともない、社内の運用も変更しまして今までは申請者で原本を2ヵ月保管としてましたが、本機能の実装にともない、経理承認がされるまで原本を保管（その後、破棄OK）としました。

素晴らしいですね。会社側でも実際に**そういったシステムを導入していることが、きちんと体制整備しているというアピールにもなります**よね。

野永

データ取引を促進したいものの、まだ紙文化が残っている中で、申請者がデータで受け取ったか、紙で受領したかを記憶し、承認者がデータか紙かを判断することは難しく、業務的にも精神的にも負荷の高い業務です。そういった業務を**誰にとっても無理なくできる業務に変革**し、経費精算や請求書支払がスムーズに楽にできるような未来を共に描いていければと思っています。

Q9 法人クレジットカードから会計ソフトに明細を取り込む場合、領収書添付なしで処理することは可能か？

野永

こちらも電子取引の部分かと思いますが、最近、法人クレジットカードからの明細データを電子取引でシステムに取り込むというケースもあると思います。「クレジットカードの利用明細のデータを、領収書の添付なしで処理することは可能か？」という質問です。

そもそも３万円未満の領収書の取扱い、あとは今後インボイス制度が始まってくると、やはり、インボイス（適格請求書）でなければならないという部分との兼ね合いもありますので、そこも含めてご回答をいただきたいと思います。

小島

まず、電子帳簿保存法とインボイス制度それぞれを整理すると、電子帳簿保存法というのは、主に法人税や所得税、そういった日々の仕訳入力を行っていくようなデータ入力の部分の話として、**証拠となる書類をどのように保存しておくのか**、ということに関する法律だと捉えていただければと思います（P.140 参照）。

一方で、これから始まるインボイス制度は、消費税に関する規定で、あくまで**消費税の仕入税額控除を受けるための要件がどうなっているのか**という話です。

当然、両者とも証拠となる書類をきちんと整理して保存をしておかなければいけないのですが、この違いをまず理解していただく必要があります。

その中で、まずは電子帳簿保存法の取扱いを確認しますと、たとえばクレジットカードの明細、銀行のインターネットバンキング、それらからデータとしてシステムに取り込まれたものに関しては、電子帳簿保存法上のデータ保存の要件を満たしています。なので、カード情報だけしかなかったとしても、電子帳簿保存法上は問題ないという取扱いになります。

一方でインボイス制度において、仕入税額控除を受けるための要件として記載することが求められている種々の情報が、クレジットカードの明細に全部載ってくるというのは考えづらいですよね。そうなりますと、仕入税額控除の適用を受けるためには、**取引の大元の請求書なり領収書なりが保存できていないと要件を満たさなくなってしまう**ので、インボイス制度が始まってからは、現実的にはクレジットカードの明細だけではなく、その大元になっている請求書や領収書を、合わせて保管しておくという必要性が出てくるのではないかなと思います。

野永

クレジットカードの利用明細が自動でシステムと連携されると、処理をし忘れるということを防ぎやすくなり非常に便利かなと思うので、合わせて管理するというのが非常によさそうだなと思いました。

松岡

こちらは、現状のインボイス制度前においては、消費税法上、３万円の例外規定があり、電子帳簿保存法の要件を満たす形の連携をしている場合には**３万円未満の取引に限定していけば、データのみで対応することも可能性としてはあるけれども、令和５年 10 月のインボイス制度以降に関しては、そういった少額部分に関しても消費税控除が不可になってしまう**といった理解でよろしいでしょうか。

小島

おっしゃるとおりです。ただ、第２章 P.77 でご説明したとおり、公共交通機関の運賃や自動販売機利用の場合は、インボイスの保存がなくても仕入税額控除が認められます。

それと、一部の小規模事業者については、令和５年 10 月１日から令和 11 年９月 30 日までの期間の税込金額１万円未満の課税仕入れについて 帳簿の保存のみで仕入税額控除が認められる経過措置もありますので、この期間で除々に保存方法を自社で確立していくといいでしょう。

松岡

ありがとうございます。

Q10 インボイス制度について、企業としてどう対応していけばよいか？

インボイス制度編

ここからはインボイス制度についてお伺いします。インボイス制度について企業としてまず何から取り組んでいくべきか、どのようなことに配慮しておく必要があるか、先生はどうお考えですか。

A10

これについては３点ありまして、まず１つ目は、**事業者の登録**です。登録事業者でなければインボイス（適格請求書）が全く有効になりませんので、これを忘れずにしていただくことです。すでに登録は始まっていますが、制度が開始する令和５年10月１日時点で登録事業者になるためには、**令和５年３月31日を期限として登録申請書を出しておかなければ、10月１日時点に登録が間に合うという保証がありません**ので、まずはこの日付を忘れずに登録をしていただくことが重要です。

それから２つ目としては、請求書を発行する際に、**インボイスの要件をきちんと満たした上で請求書を発行できる体制にしておくこと**です。この点については、普段からシステムなどをきちんと使って請求書を発行されているという方であれば特に問題はないと思うのですが、そうなってはいなくて、普段から手書きの請求書や、自分でフォーマットをつくったエクセルの請求書などを発行されていると、インボイスの要件を満たさない可能性があります。特に、消費税額の部分をきちんと記載しておかなければいけないというのが今回新たに要件に入りましたので、まずは自社の請求書のフォーマットがインボイスの要件を満たすものであるかという点を確認する必要があります。

それから３つ目としては、今度は請求書を受け取る側の処理です。**受け取った請求書が適格請求書として有効か否かを判断できるということ**も当然大切なのですが、それをさらに**仕訳入力の際にきちんと反映でき**

るような体制をとっておくという必要があります。

新制度開始後６年間は、免税事業者のようなインボイスが発行できない事業者から受け取った請求書に関しても、最初の３年間は80%、そのあとの３年間については50%と、多少減額はされるものの仕入税額控除が可能となっています。ところが、この部分は仕訳入力を行っていく際に「**これが80%」と帳簿の中でそれとわかるようにきちんと仕訳入力できていないと、仕入税額控除が認められません**。

このあたりのところは、おそらく、仕訳入力の段階で各ベンダーさんのシステムで「これは80%」といったような分類ができるような対応をしていただけるとは思うんですけれども、システムとしてそういった機能が実装されているソフトを使った上で、さらに**入力者がそこを間違えないように入力していくという必要性が出てくる**のではないかと思います。

インボイス制度でやらなければならないことと、あとは業務効率化の観点で考えると、受領者側はかなりの業務負荷が見込まれますね。一定の部分はシステム側で対応すべきものがあると考えます。

特に、３つ目にいただいた消費税の部分ですけれども、やはり今でも８％の軽減税率が増えて、登録しなければいけない区分が多いなかで、さらに軽減税率８％と通常10%それぞれについて適格か非適格かという判断要素が加わるということですので、**一個一個きちんと処理をしながら、増えてきた区分を適切に付与していくというところ**、これがかなりポイントになってくるのかなということでしょうか。

小島

そうですね。

野永

ありがとうございます。

Q11 インボイス制度によって支払側の業務処理がどう変わるのか？

インボイス制度編

自らが請求書を受領して支払う立場で「インボイス制度によって経理部門の業務処理がどのように変わってくるのか？」といったところを教えて欲しいという質問がありました。これについて、いかがでしょうか。

A11

インボイス制度は、請求書にどのように記載していくのかということに気を取られがちですが、実はこの制度で最も重要なポイントは、**適格請求書発行事業者としての登録を行った事業者が、きちんとその登録が有効な状態で発行した請求書であるかどうか**、なんですね。実務で確認することは、もらった請求書に相手先の番号が記載されているかどうかで、ここでまずひとつインボイス（適格請求書）として有効か否かが決まってきます。

ところが、インボイス制度の難しいところは、実はその番号自体を持っていればいいという話ではなくて、**番号が登録された日付から有効になってくる**という考え方になります。ですので、番号を付与されたとしても、**その請求書に付与された番号の有効期間中に出されたものでなければ、これはインボイスとしては有効なものではないという取扱いになってしまう**ということです。そこの判断というのが、この経理処理でいちばん問題になってくるのではないのかなというふうに私のほうでは理解しています。

パッと見の外見上は番号が書かれていて、消費税の計算等もしっかりと書かれているように見えても、実は国税庁のシステム上は適格事業者として登録されていないという可能性があるので、そこは理屈の上ではウェブ等々で１件ずつ、実際に登録されているかを確認していく必要が今後は出てくるということですかね。

小島 孝子
税理士

松岡 俊
（株）マネーフォワード
執行役員 経理本部 本部長

野永 裕希
（株）マネーフォワード
ビジネスカンパニークラウド横断本部

小島

はい、そうですね。国税庁でもそういったことを懸念して、**インボイス登録番号のほうから、それが情報として適切なものなのかという形で調べられる検索サイトを設けている**のですが、今の話でいきますと、結局ひとつの仕訳を入力する時に、請求書なり領収書なりを見て番号を入力して、そこで「これは適正なものですよ」というのを確認した上で経理処理をしていかなければいけないということなので、手作業でやろうとしたらものすごく工数がかかってしまうという可能性が出てきます。

野永

国税庁の「インボイス制度適格請求書発行事業者公表サイト」には、登録番号を直接入力するものだけでなく、Web-API機能も提供されていますので、システム側でチェックができるようになると非常に便利ですね。

小島

はい。実際、私もこの法律（改正消費税法）を読んだ時に、先ほど私が申し上げたような形で運用をして日々の仕訳入力を行っていくということは、現実問題として不可能ではないのかなと思っているのです。というのも、当然、請求書だけの話ではなくて、営業の方がどこそこに行ってタクシーに乗りましたとか、あるいはどこで会食をしましたとか、そういった**経費精算であげてくる領収書もすべて対象になってくる**と。そうすると、おそらく経費精算の立替請求だけでも、月中で何百枚という枚数になってきますよね。となってくると、それを一つ一つ有効な請求書等であるかをチェックしていくというのは、やはりこれは**手作業では現実的に難しいです**。今お話しされたとおりに、そういった実装されたソフトを使っていくなり、あるいはもう少し規模が大きい会社ですと、おそらく自社内でそういったシステムを実際に経理システムの中に組み込んで運用していただくなりという方法が、必要になってくるのではないかなと思っています。

野永

自社におけるインボイス制度後の全体的な運用をイメージし、従来とのギャップを洗い出したうえで、システムを選定したり、自社システムに組み込むということが大切ということですね。

そのとおりだと思います。

ありがとうございます。

Q12 インボイス制度対応を契機として免税事業者と消費税分の減額等の価格交渉を行っても問題ないか？

インボイス制度を契機として取引先が適格事業者ではなくて免税事業者だった場合、契約の更改等で請求額の交渉等々をすることが考えられるという点で、下請法等のいろいろな対応の関係を懸念されている方が多くいらっしゃるようです。こちらは見解としてなかなかグレーな、難しい論点のあるところですけれども、いかがでしょうか。

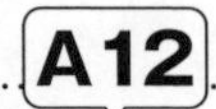

やはりここは皆さん、気になっていらっしゃるところではないかと思います。事実ベースですと、免税事業者など**インボイスの登録番号を持っていない方から受け取った請求書に関しては、制度設計として仕入側がその消費税分をある意味で負担するというような仕組み、状況が生じます**。そうしますと当然、利益率の問題が出てきますので、外注業者の見直し、あるいは価格の交渉になってしまうことはあり得るとは思います。これは前提条件として売上側が免税事業者になるということなので、売上側の立場がちょっと弱いといいますか、構造上この状況はまず避けられないので、どうしても下請法や独占禁止法などの**優越的地位の濫用**という懸念が出てきてしまうのだと理解しています。

財務省や公正取引委員会が連名で出している「免税事業者及びその取引先のインボイス制度への対応に関するQ&A」（令和４年３月８日改正）に記載されている見解としましては、「**仕入先である免税事業者との取引について、インボイス制度の実施を契機として取引条件を見直すことそれ自体が、直ちに問題となるものではありませんが、見直しに当たっては、『優越的地位の濫用』に該当する行為を行わないよう注意が必要です**」とあります。

たとえば課税事業者が、取引先の免税事業者に対して「うちと契約するにあたって、できれば課税事業者になってくれませんか」というようなことをお願いすること自体は可能です。ただ、これも表現が難しいのですが、**「課税事業者にならなければ取引価格を引き下げます、もしくは取引を打ち切ります」とか、一方的に通告することは独占禁止法、下請法上の問題となるおそれがあるということです。**

取引先が免税事業者の場合は、その免税分について単純に値引きを求めて当然と考えてしまう方も一部いらっしゃるようですが、ここは税法の範疇外で、下請法や独占禁止法との絡みもありますから、慎重に交渉を進めなければいけないですね。

そうですね。ただ、これから**新規契約**を結ぶような場合はお互い対等な位置から交渉が始まるという状況になるので、その中で「うちはこう考えています」といった**条件の提示は通常の交渉の範囲内**だと思いますので、新規の場合は問題となるケースはあまりないかなと思ってはいます。

取引先から「おたくとの取引は仕入税額控除できないんだよね。」と言われてしまった場合、免税事業者側が消費税分値引きをせざるを得ない可能性としては今後あり得そうですか。

そうですね。交渉ごとの範疇にはなりますので、免税事業者側が取引先に一方的に言われて無理矢理応じさせられたというケースでなければ、問題にはならないような気がします。

要は発注側が受注側にとって不利になるような条件を一方的に押しつけることが問題になるわけですので、たとえば両者の話し合いの中で、取引価格を値下げするかわりに、取引量を通常よりも多く発注するとか、**お互いが納得いくような形で決着がつけば、これは交渉の範囲内なので問題はない**のかなとは思います。

ありがとうございます。

Q13 適格請求書発行事業者の登録時にかかる費用や、更新手続きはあるのか？

インボイス制度編

適格請求書発行事業者の登録がすでに開始されていますが、それにかかる初期費用や更新手続き等はあるのかという質問ですが、こちらはいかがでしょうか。

A13

制度自体は、税務署に書類を１枚書いて提出するだけなので、特に費用はかかりません。注意すべき点としては、**インボイス制度が始まってからは、一旦登録をした場合は自分で登録の取消を行わない限り、ずっと適格請求書発行事業者のままになってしまうということ**です。適格請求書発行事業者には消費税の納税義務がありますから、売上の規模に関係なく、ずっと課税事業者のままになってしまうということがあります。**売上によって自動的に免税事業者と課税事業者を行ったり来たりができなくなる**点に注意が必要です。

なるほど。一度、課税事業者となり、適格請求書発行事業者の登録を行った後に、基準期間の売上が免税事業者の基準を下回ったとしても自動的に免税事業者になるわけではないということですね。

課税事業者をやめる際も注意が必要で、まず消費税の申告が事業年度ベースになりますので、たとえば「来期からは免税事業者になりたい」という話であれば、**そのインボイス（適格請求書）の登録自体の取消を前倒しでやっておかなければいけない**です。従来ですと新しい課税期間の始まる前の日までに手続きをしておけばよかったのですが、インボイス制度の下では、**取消までの間に１カ月程度の猶予期間が必要**になります。そうなるとたとえば３月決算会社の場合であれば２月中

に取消の届出をしておかないと、翌期も課税事業者のままになってしまうので、このあたりの申請タイミングのトラブルが起きやすい論点になってくるのではと思っています。

野永

そうなると、きちんと見通しを立てるためにも、月次決算を行い、基準期間の売り上げを把握しておくのがよさそうですね。

小島

そうですね。私が特に懸念しているのが、個人事業者の方で、確定申告が近づいてからようやく資料を１年分揃えて提出するというような方の場合です。１月の後半になってから重い腰を上げるような形で準備している方が多いとは思うのですが、その頃になってすでに適格請求書発行事業者をやめようと思っても、そのための申請が間に合うタイミングを逃してしまっている状態ですから、これからはやはり**前倒しで、ある程度売上や費用の状況をざっくりした形でもかまわないので、把握できているほうが望ましい**のではと思います。

松岡

受け取る側に関しても、やはり途中で非適格に変わるということもあり得ると頭に入れておく必要がありますね。この取引先は一度適格になったからと機械的にその前提で対応するということではなく、いつからいつまで適格だったかというところも、システム的にしっかりと捉えて処理をしていく必要がありそうです。

小島

はい、そうですね。そのような作業をすべて手作業で確認するのは現実的に難しいのかなと感じていますので、システムで対応できるようになると良いのかなと思っています。

松岡

ありがとうございます。

Q14 取引先へ請求書を送らず、先方からの支払通知書等を代わりとするケースがあるが、このとき請求書は不要と考えてよいか？

インボイス制度編

売上側である取引先からの請求書ではなくて、仕入側の支払通知書、仕入明細書をインボイス（適格請求書）の代替とすることができるのかという質問です、いかがでしょうか。

A14

取引の中では、売上側が請求書を発行するのではなくて、仕入側が取引分量に応じて、仕入明細書という形で請求金額を記載した書面として発行するというケースがありますよね。このようなケースですと、まずその書面自体が適格請求書になるかどうかという点でいけば、**要件を満たしているものに関しては適格請求書として取り扱うことができます。**

そこで気をつけなければいけないのが、売上側ではなくて"仕入側"が発行する書類になるという点です。適格請求書の要件は"売上側"の登録番号の番号を記載しなければいけないので、**事前に仕入側のほうで売上側の取引先のインボイスの登録番号を教えてもらって、書面に記載しておくという必要がある**ということです。仕入側の番号を記載してしまうと有効にはならないので、まずそこに注意が必要です。

それから、これはインボイス制度とは直接は関係ないのですが、そもそも仕入明細書自体は仕入側が発行するので、**売上側として「これは確かに適正なものである」という確認をとった履歴がないと、有効なものという取扱いにはならない**のです。ですので、たとえば売上側のほうに「この取引についてこの金額をお支払いします」というような書面を送った時に、取引先から「これで問題ないですよ」ということを、たとえばメールで返信を必ず戻していただくなど、「確かに適正なものである」ことが記録として残るような運用をしていただくのもひとつの手です。

あるいは最も取り入れやすい仕組みとしては締め日を設けて、**「この期間内に返信がなければ、これで承認したものとして取り扱います」というような文言を明細書などに入れておくこと**です。相手のほうから特に何か連絡が来なかった場合には、そこはきちんと相手の確認をとったという形で取扱うことができますので、そういった文言を一言添えていただくというようなことが必要になってくるかと思います。

なるほど、たとえば「本書の受領後、○月末までに誤りのある旨の連絡がなかった場合には記載内容のとおり確認があったものとする」という文言を発行書類のテンプレートに入れておいた方がよさそうですね。

そうですね。確認をとるという行為自体を業務フローに入れてもいいのですけれども、どうしても忘れてしまうケースなども考えられますからね。

ありがとうございます。

まとめ　情報収集と早めの対応が必要

さて、本日は電子帳簿保存法、インボイス制度について当社に寄せられた多くの質問の中から、選りすぐって小島先生に回答いただきました。小島先生、全体を通していかがでしたか。

電子帳簿保存法、インボイス制度に関しては、**これからかなり経理内部の中でも大幅なシステム変更、あるいは運用方法の転換というのを行っていかないと、現実問題としてなかなか対応できない可能性が高い**です。

そこで、やはりこれは方向性を考えていくとともに、どこまで自分たちの手作業でできるのか、あるいはどういったものを利用していけばきちんとした要件を満たすようなものになっていくのかといった、そういったシステムなりですとか、サービスなりですとか、今後はそういったものの利用というのも少し検討に入れた上で対処していくというのが、必要になってくるのではないかなと思います。

ありがとうございます。松岡さん、いかがでしたか。

一企業の経理担当として、まずインボイス制度に関しては令和５年10月と、かなり先のように聞こえますけれども、もうすぐに来てしまうなというところで、本当にやらなければいけないことが山ほどありますので、これから一つひとつ着実に対応を進めていきたいなと改めて思いました。それから電子帳簿保存法に関しては、２年間の宥恕（ゆうじょ）があり、一部強制適用の部分が先延ばしされたところがあると思うんですけれども、**インボイス制度と対応がバッティングしてしまうと、かなり大変に**

なってしまうかなと思いますので、電子帳簿保存法もできるだけ早めに対応することをお勧めします。

野永

ありがとうございます。電子帳簿保存法とインボイス制度は、今後も情報のアップデートがある可能性が高いため、目が離せません。国税庁のホームページにおいても特集ページがございますが、当社でも定期的にセミナーを開催しておりますので、本書をお手に取ってくださった読者の皆様におかれましては、ぜひそちらにもご参加いただき、最新情報の収集に努めていただければ幸いです。

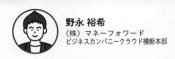

【著 者 紹 介】

小島 孝子（こじま たかこ）

神奈川県生まれ、税理士。ミライコンサル株式会社代表取締役。1999年早稲田大学社会科学部卒、2019年青山学院大学会計プロフェッション研究科修了。

大学在学中から地元会計事務所に勤務した後、都内税理士法人、大手税理士受験対策校講師、一般経理職に従事したのち2010年に小島孝子税理士事務所を設立。税務や経理業務に関する執筆やセミナー講師の傍ら、街歩き、旅好きが高じて日本全国さまざまな地域にクライアントを持つ、自称、「旅する税理士」。

著書に、『3年後に必ず差が出る20代から知っておきたい経理の教科書』（翔泳社）、『税理士試験計算プラクティス 消費税法：出題パターン別解法の極意』（中央経済社）、『簿記試験合格者のためのはじめての経理実務』（税務経理協会）『この1冊ですべてわかる経理業務の基本』（日本実業出版社）などがある。

本書の内容に関するご質問は、税務研究会ホームページのお問い合わせフォーム（https://www.zeiken.co.jp/contact/request/）よりお願いいたします。

なお、個別のご相談は受け付けておりません。

本書刊行後に追加・修正事項がある場合は、随時、当社のホームページ（https://www.zeiken.co.jp/）にてお知らせいたします。

令和５年度税制改正大綱対応版

会話でスッキリ　電帳法とインボイス制度のきほん

（著者承認検印省略）

令和4年10月31日　初版発行
令和5年 3 月20日　改訂版第１刷発行
令和5年 3 月31日　改訂版第２刷発行
令和5年 5 月10日　改訂版第３刷発行

編集協力　株式会社マネーフォワード

イラスト　テックプランニング株式会社

発行所　税務研究会出版局
週刊「税務通信」「経営財務」発行所

代表者　山根　毅
〒100-0005
東京都千代田区丸の内1-8-2　鉄鋼ビルディング
https://www.zeiken.co.jp

乱丁・落丁の場合は、お取替えいたします。

印刷・製本　テックプランニング株式会社
装丁　小口翔平＋阿部早紀子（tobufune）

ISBN978-4-7931-2750-2